陕西社科精品文库

陕北古民居

SHANBEI GUMINJU

镶嵌在黄土高原上的建筑瑰宝

裴晓阳 著

陕西新华出版传媒集团
陕西人民出版社

图书在版编目（CIP）数据

陕北古民居 / 裴晓阳著 . —西安 ： 陕西人民出版社 , 2022.9

ISBN 978-7-224-14658-5

Ⅰ . ①陕… Ⅱ . ①裴… Ⅲ . ①民居—古建筑—研究—陕西 Ⅳ . ① K928.71

中国版本图书馆 CIP 数据核字（2022）第 159720 号

责任编辑：晏　藜　叶　峰
装帧设计：解春风

陕北古民居

作　　者 裴晓阳
出版发行 陕西新华出版传媒集团　陕西人民出版社
（西安市北大街 147 号　邮编：710003）
印　　刷 陕西金和印务有限公司
开　　本 787mm × 1092mm　1/16
印　　张 16.25
字　　数 203 千字
版　　次 2022 年 9 月第 1 版
印　　次 2022 年 9 月第 1 次印刷
书　　号 ISBN 978-7-224-14658-5
定　　价 98.00 元

教育部人文社会科学研究一般项目（陕北窑洞庄园建筑艺术研究、17YJC760061）

陕西省哲学社会科学重大理论与现实问题研究项目（陕北沿黄明清宅院测绘调研及保护、2022ND0272）

榆林市科学技术局科学技术与研发项目（陕北窑洞庄园建筑技术开发与应用技术研究、2019-90-5）

榆林市科学技术局重点实验室项目（榆林市窑居数字化重点实验室、CXY-2021-145）

榆林市高新技术产业局基地项目（榆林窑居数字化基因库示范基地建设、CXY-2021-74）

陕西省社科著作出版资助（陕北古民居、2022SKZZ010）

榆林学院学术著作出版基金资助

序

XU

这次回陕北，偶遇裴晓阳老师，闲谈之间，她提及新作《陕北古民居》即将出版，希望我写上几句话。仔细翻看稿件后，觉得这本书不仅学术性强，知识丰富，而且具有令人愉悦的可读性。本书的出版，对陕北地方文化来说是一件大好事，可喜可贺。

《陕北古民居》梳理了陕北明清地主庄园与窑洞大院产生与发展的社会背景，从建筑选址、院落秩序、建筑装饰及文化内涵等方面，深入挖掘了陕北古民居所蕴含的地域建筑文脉；以五年来实地考察测绘的大量古民居为例，用照片和三维模型图，全方位展示了陕北古民居的建筑艺术；最后，还将陕北古民居与京、晋民居作对比，分析其独特的艺术价值。全书图文并茂，语言简练，深入浅出，所有配图均为一手资料，首次面世，既新鲜又生动。

陕北是早期华夏文明的发祥地之一。黄河与长城在这里交汇，高原与大漠在这里参差，游牧与农耕在这里交融，自然地理的复杂使陕北拥有极其丰厚与独特的文化底蕴。信天游、秧歌、说书、道情、腰鼓、剪纸……一项项民间艺术瑰宝独具特色，石峁遗址、寨山遗址亦是陕北历史厚重的一笔。梁思成先生说，建筑是人类一切造型创造中最庞大、最复杂、也最耐久的一类，所以它代表的民族思想和艺术，也更显著、更多面、更重要。古民居之珍贵，除了历史文化的价值之外，还在于其不可再生。由于封闭和偏僻，陕北城乡古民居实物遗存丰厚，它们形态各异、渊源深厚，是祖先为我们留下的一笔丰厚的文化遗产，翔实而鲜活地反映着当时陕北地区社会生产生活的智慧，承载着淳朴厚重的历史人文记忆，述说着几百年前陕北的经济发展形态，人们的生活习俗、处世态度、人品素养、审美情趣和建筑水平等丰富的内容。陕北古民居是近五百年来陕北历史文化的一种记忆，更是陕北深厚文化底蕴的根脉之一。在全国传承和弘扬中华传统文化、大力发展文化产业的时代背景下，将陕北这些“文化家底”研究通透显得尤为重要，否则，一切设计将缺乏理论支撑，成为形而上的研究。

眼下榆林正处于“资源强市”向“文化强市”的转变过程，全市正下大力气建设文化强市，这离不开对本土文化遗产的发掘、整理和研究，也离不开本地学者奉献自己的一份力量，倾注自己的一份热情。《陕北古民居》正是这样一本添砖加瓦的书，每读一篇都如同走进一座高墙峻宇，使人在领略其精美、宏大、古老的同时，得到颇多的感受、认识和慨叹，从中可窥见作者研究之深，对陕北文化遗构的钟情和对陕北这片厚土的热爱。如果说陕北的这些古民居能使今天和昨天、当代和历史得到连接，那么，我觉得晓阳女士的这本书则可以视为一座桥梁、一条纽带。

《陕北古民居》所写的虽是明清古民居，但对时下仍有极强的现实意义。它一方面让我们领略到陕北历史的悠久和传统文化的博大精深，一方面让我们得以借鉴并思考未来本土建筑文化的生存与发展。总之一句话，古民居承载着历史，浸透着文化，值得我们反复重温，认真品味。

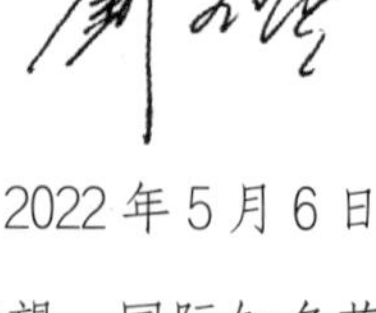

2022 年 5 月 6 日

（刘若望：国际知名艺术家）

目录

MULU

Ⅳ

黄河流域古民居

Ⅴ

无定河流域古民居

Ⅵ

引言

YINYAN

进入陕北，那梁峁沟壑上一排排的窑洞，构成了一幅幅人与自然和谐共生的有机画面。陕北窑洞，名气很大，因为窑洞建筑对中国革命事业做出过巨大贡献。陕北的贫瘠也人尽皆知，窑洞这一高原民居，好似天生就携带着原始、落后与贫穷的标签。窑洞是远古时期穴居习俗的遗存，是陕北大地上典型的生活空间。虽然大多数窑洞民居规模不大，但陕北历史上不缺少占地宏大的宅院、显赫一时的庄园，它们以各自不同的形式，组成了陕北古民居的缤纷图景。

陕北榆林地区，与晋、内蒙古二省毗邻，地处黄河以西，长城自东北向西南穿境而过。明万历年始至民国初年，蒙汉边贸十分发达，境内黄河渡口林立，商道驿站遍布，贸易集市繁荣，榆林成为蒙汉贸易的中心，陕北最繁荣的商业城市。较高的商业地位、雄厚的经济基础以及与京、津、晋等地频繁的贸易往来，促进了北京四合院、晋商大院与陕北窑洞的嫁接，从而形成了独具地域特色的陕北地主庄园和窑洞大院。同为陕北窑洞区，延安地区因经济、地理等诸多因素，高等级的窑洞大院较少。因此，本著作主要以榆林地区的明清古民居为研究对象。

陕北古民居遗构带有鲜明的地理环境烙印，生动地反映了人与自然的关系，体现了劳动人民的智慧。它们承载着大量的历史信息，蕴含着丰富的文化元素，体现了农耕文明的特质，凝结了乡土文化的气息，像一颗颗晶莹剔透的珍珠镶嵌在陕北黄土高原的沟壑梁峁之间。它们是陕北文化的标识，彰显出陕北人民的思想智慧和精神追求，维系着华夏文明得以赓续不断的根脉……

陕北其地

营建基础

分布现状

艺术价值

I

陕北古民居：中华窑居瑰宝

壹 陕北其地

陕北地处黄土高原北缘，平均海拔一千米左右，地势高峻，山峦连绵，沟壑纵横，干燥少雨。黄土高原覆盖着世界上面积最大的黄土层，黄土厚度从几十米到二三百米不等，黄土的直立性，为居住在黄土丘陵区的人们开挖窑洞居住创造了可能性。窑洞经济省工，防火防噪，冬暖夏凉，是生活在黄土高原的人们最理想的住宅。陕北人早期即以“穴居”为其主要居住方式，这种居住方式也是人类较早聚居的见证。时至今日，“穴居”经历了长期的“崖窑—土窑—接口窑—石窑—整体院落—现代窑”的演变过程，古风犹存、仍然特色鲜明，在我国传统民居中占有一席之地。陕北山高谷深，地土贫瘠，自然条件艰苦、恶劣，在漫长的农耕社会，人们虽劳苦，但收获甚微，总是陷入贫困之中。又因地处边关，陕北高原的历史，一大半是战争史。在这里，厮杀与沉寂的各方，不曾休止地在历史舞台上你来我往。尽管这里的广大乡民物力维艰，生活十分艰苦，但历经世代生息，仍创造出特色鲜明的陕北古民居，其城乡聚落也呈现某种独特的地域性特征。

（一）自然地理环境

陕北榆林地区位于陕西省最北部，与晋、内蒙古、宁、甘四省区交界，东隔黄河与山西相望，西连宁夏、甘肃，北临内蒙古，南接延安。黄河由晋陕峡谷而下，从榆林府谷入峡，流经府谷、神木、佳县、吴堡、绥德、清涧等县（市），至韩城龙门出峡。其中，府谷至吴堡段，河面宽阔，水流平缓，被誉为“黄金航道”，为明清时期陕北边贸活动创造了先天条件。建在400毫米降水线上的明长城，沿东北向西南，斜跨700公里，是农耕民族和草原民族的天然界限。长城以南为黄土梁峁丘陵区，千沟万壑的地形，深沟与山梁相错列，窑洞遍布其中。以北为毛乌素沙地，中间有一个较宽的过渡交错地带，这里是北方少数民族与汉民族交汇融合的地方，蒙古族人从事农耕兼放牧。榆林曾是以“水草丰美，牛羊塞道”著称的塞上明珠。两千年前，秦始皇为巩固北方的防务，修建了从咸阳至包头的浩大军事交通工程——秦直道。汉武帝三次远征匈奴，开疆拓土，大批军队驻扎于陕北边关伐木屯垦，对生态环境破坏很大。就连大唐盛世的背后，陕北战场依旧战事不绝：“誓扫匈奴不顾身，五千貂锦丧胡尘。可怜无定河边骨，犹是春闺梦里人。”频繁的战争、过度的砍伐及气候变迁，使得陕北的自然生态环境遭到严重破坏。千百年来，贫穷、饥饿、战争是陕北人挥之不去的噩梦。

陕北榆林境内有黄河、无定河、窟野河、秃尾河、佳芦河、皇甫川、清水川、孤山川、石马川等较大的河流。其中无定河、窟野河、秃尾河三条河流的上中游均位于风沙草滩区，中下游为黄土丘陵沟壑区。皇甫川、清水川、孤山川、石马川和佳芦河均位于黄土丘陵沟壑区。明清时期，陆路交通不便，黄河成为南北货物输送的大动脉。东南诸省的货物由山西过黄河，进入榆林地区码头，再由驼队、骡马队经榆林境内输送至内蒙古、甘肃、宁夏等西北各地，回程时，带回内蒙古、甘肃和宁夏的特色商品，再经黄河输送至东南诸省。据实地考察，驼队、骡马队在榆林境内运输货物时，多沿较大的河流川道而行，这是因为在沟壑

图 1. 康家港沙坪上村骡马驿站

纵横的陕北，川道最为平坦，且不易迷路，同时又可以保证人畜饮水，提供最基本的生存保障。陕北境内还有东至太原、西连宁夏与甘肃的东西往来的官道。沿途的商贸重镇上，每天商贾云集，骡马成群，驼铃叮咚，不绝于耳，旅店行业非常兴盛。境内骡马大道沿途的一些村落中，至今仍保留着明清时期的骡马驿站，其中，住窑、柜窑、马棚、草房一应俱全（图1）。

（二）历史沿革

从远古时代起，陕北高原就有人类生存活动。神木石峁遗址和府谷寨山遗址的发现，证明陕北高原在4000多年前就有了城市聚落。秦汉以

图 2. 明清时期陕北人“走西口”线路示意图

2

来，因受匈奴侵扰，聚落不断变迁。唐末五代时期人口逐渐增多，聚落随之增多。宋朝与西夏多次交兵，人们流离失所，不少聚落毁于战火。

明朝时，出于军事防御的需要，加之中原人地矛盾突出，朝廷推行“实边”的农垦政策，引发了大规模的人口迁移，俗称“走西口”。“走西口”中一支主要的迁徙队伍是晋西北的人们西渡黄河，横跨陕北，北越长城后进入鄂尔多斯、河套平原。那里地势平坦、水草丰茂、耕获甚丰，逐渐吸引越来越多的人前往。这一大移民活动，前后持续了300余年（图2）。沿途的神木、府谷和榆林一带的民众，也跟着山西人走了口外，形成“旅蒙商”群体。清代中后期，特别是清末民初，陕北大地上出现了富商、地主和豪绅，有的将商业版图扩张到京津地区，有店铺或土地。这一时期，这些人修建庄园大宅，砖雕石刻、木雕彩画相伴而生，遍布南北，成为陕北古民居建筑文化的重要缩影。府谷县磁尧沟村张家大院的主人，便是陕北旅蒙商的杰出代表，其宅前大门洞上的匾额上，分别篆刻“南基”和“北益”二字，传达了其在北边（内蒙古）发家、在南边（陕北家园）营建宅院的人生轨迹（图3）。在当时，相当一部分“走西口”的山西人，他们途经地广人稀的陕北后，索性就地安下家来，大力垦荒，艰苦创业。通过查阅大量的家族志发现，陕北古民居的营建者，大部分是从山西迁移而来的，这符合明清时期“走西口”大移民的历史史实。著名的米脂杨家沟马氏地主集团，其先祖马林槐便是从山西移民而来，几经辗转，后落脚到杨家沟，依托陕北重要商道“螅蜊峪—吉镇—何家岔—米脂—榆林”，用毛驴以吉镇为中心搞运输。先从“脚户”营生干起，逐渐积累资金后，又以骆驼为脚力，在榆林通往东胜、包头的驼道上搞蒙汉边贸(人称“边客”)，赚取差价，逐渐发展成地主。马家后代在杨家沟开荒拓土，全村270多户人家中有72户地主，占有周围四五个县的18万亩土地，形成国内罕见的地主集团村落（图4）。总体说来，明清时期的陕北，经济发展进入黄金期。

图 3. 张家大院“南基”门与“北益”门

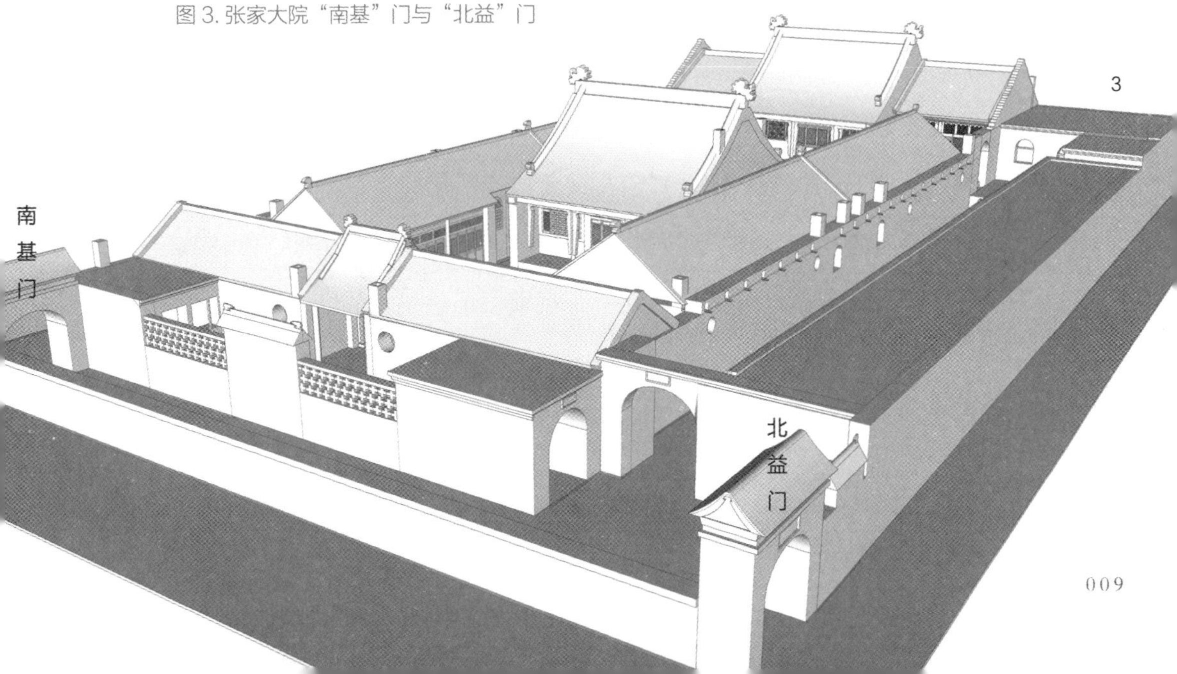

图 4. 杨家沟

贰
营建基础

明清至民国，榆林地区的蒙汉贸易持续了 300 余年，为陕北古民居宅院的产生与发展奠定了经济基础。据文献记载，明万历年始，朝廷开始在陕北边墙一带设花马池市、红山市与蒙古族互市，双方获利颇丰。到了清朝康熙年间，蒙古族与陕北两地的贸易往来十分频繁，于是陕北的红山市、神木市、黄甫川市都成为蒙汉贸易的中心……蒙汉两族人民在陕北的互市一直延续下来，到清末保持了不断扩大的势头。道光以后，榆林一带的商业有了新发展，交易货物时，除毛皮、羊毛之外，盐、碱以及其他的土产品外销量增加，商业贸易范围不仅局限于本省，还与内蒙古、山西、河南、天津等地都发生了频繁的贸易往来，商品交易数量相当大。至民国初年，榆林成为蒙汉贸易的中心，陕北最繁荣的商业城市。较高的商业地位和雄厚的经济基础，使得榆林地区有实力修建起留存至今的百余座明清窑洞大宅院。而延安地区地大而荒，民稀而贫，商业活动不发达，在农村中很难产生大地主和富商，有规模的明清古民居宅院非常稀少。因此，可以说，明清时期，陕北地区窑洞大宅院的最高成就集中在榆林地区。

据《续修陕西通志稿》卷三四《征榷·商筏税》记载，清末陕北沿长城各县的商业活动十分发达，榆林府作为明清边关与内地商业贸易活动的中心，商业税收入仅次于西安府，比延安府的商贸活动发达得多（表1）。清朝末年，由于政治腐败，陕北地区农村的阶级分化比较显著，形成了特大的地主阶级群体，出现了有名的大地主，其中，有米脂县杨家沟的马家、刘家峁的姜家和高庙山的常家等，建成了著名的马氏庄园、姜氏庄园和常氏庄园。总体来说，明清时期榆林地区繁荣的边贸活动是陕北古民居大宅院存在与发展的基础。

表1　清末陕西省主要商业地区的商税收入统计表

<table>
<tr><td>地名</td><td>西安府</td><td>咸阳县</td><td>同州府</td><td>商州</td><td>凤翔府</td><td>陇州</td><td>汉中府</td><td>延安府</td><td>榆林府</td><td>靖边县</td><td>神木厅</td></tr>
<tr><td rowspan="2">商税银（两）</td><td rowspan="2">2550</td><td rowspan="2">筏税银846</td><td rowspan="2">1670</td><td rowspan="2">1577</td><td rowspan="2">816</td><td rowspan="2">536</td><td rowspan="2">500</td><td>340</td><td>1960</td><td>850</td><td>600</td></tr>
<tr><td colspan="4">陕北地区共收商税3750两。</td></tr>
<tr><td colspan="12">说明：咸阳是关中地区的水陆码头，商税的主要征收对象是装船或札筏东运的货物及大量木材，所以该地区的商税以筏税银的名称出现。</td></tr>
</table>

资料来源：田培栋《明清时代陕西社会经济史》

从全国来看，明清时期的中国民居发展到了全盛时期，新建园林宅第成为一种社会风气。在元、明、清时期的六七百年中，北方充分发展了表现尊卑、主次、内外、血缘等富有传统文化的民居建筑。因交通不便、经济落后，陕北榆林现留存百余座这样的深宅大院，展示着地主、富商、乡绅、官员的文化观念和生活方式，是一幅幅百年前绚丽多彩的陕北民俗风情和北方社会生活画卷。

叁 分布现状

陕北疆域辽阔，连绵的大山沟壑间，村落隐匿，道路崎岖、经济落后。然而，恰恰是偏僻与荒凉，使陕北有幸保留下这些珍贵的明清古民居实物。这些地主庄园与窑洞大院，像一个个流落民间的珍宝，散布在幽静、深远的大山梁峁沟壑之间，仅是那高耸的围墙和气派的大门，便已显示出其不平凡的身世。

陕北古民居的分布状况，基本反映了明清至民国时期境内商贸活动的轨迹。明清时期，日渐繁荣的蒙汉边贸活动，全面带动了榆林境内航运、陆运及商贸事业。沿黄区域，精明的船夫、脚夫、骡夫，他们艰苦创业，农商并举，逐渐积累了丰厚的财富，具备大规模建设的资本。吴堡、佳县两地，因河运便利，沿黄河曾设14个渡口，十分繁荣。木头峪、峪口、螅镇、大会坪等地，便是明清古民居集中之地；府谷、神木两地，东倚黄河，西临内蒙古，蒙汉边贸兴盛：麻镇、黄甫、万镇等贸易集镇，至今分布着价值极高的明清古民居。除了黄河沿线的渡口码头和贸易集镇外，榆林境内输送货物的骡马大道上，日行骡马，夜走骆驼，昼夜不息，沿途古驿站遍布，也留存为数不少的明清古民居遗产。

整体来看，榆林现存的明清古民居，主要分布于佳县、吴堡县、神木县、府谷县、清涧县、米脂县、绥德县、横山区、榆阳区等地，呈现沿黄河流域和无定河流域分布的特征。这些古民居从选址、规划、设计、建造到装饰，处处体现着明清时期窑居艺术的最高水平，是陕北窑居建筑的瑰宝。在这些陕北明清古民居遗构中，最早的建于明代，清代晚期的数量最多，最古老的已矗立近400年之久。近年来，随着国家对文物相关工作的不断重视，一部分老宅院被确定为文物建筑，从而被保护起来。还有部分古民居精品散落民间，不曾被识。现有国家级文物保护单位两处（米脂姜氏庄园和绥德党氏庄园），省、市级文物保护单位二十余处，无人居住维护的院落正在急速地坍塌损毁，前景堪忧。加之气候、人为等因素影响，一些宝贵的古民居遗构遭到破坏，急需抢救性挖掘、辑录和保护。

肆 艺术价值

由于黄土高原的地质特点，陕北明清古民居院落组合，呈现因势而就、高低错落的特点，巧妙利用山地高差，营造院落内部的等级秩序。单体建筑崇尚工巧，雕饰华丽。相同的地理环境、生活习惯、文化背景和技术传统，使陕北明清古民居呈现出一些共同的特征。首先，这些古民居大都规模宏大、选址讲究、注重防御；其次，在空间组织与布局上，表现出封建社会大家庭的尊卑秩序，在满足家庭基本生产、生活的前提下，辟有套院或跨院，形成灵活、丰富的空间组合；再次，陕北古民居建筑装饰艺术精湛，人文内涵丰富，在大门、墀头、影壁、屋檐和门窗上，处处点缀着福、禄、寿、喜的吉祥图案，表达宅主的人生理念和美好期盼；最后，陕北古民居的建筑选材、建造工艺和建筑细节处理极其讲究，用最好的材料、最优秀的工匠，建造高原窑居精华。而陕北的地主、官僚、乡绅和边商，因不同的阶级地位，其古民居又呈现出不同的人文内涵。

陕北古民居是中国北方合院式建筑的一种特殊形式，只是用来围合院落的部分建筑单体变成了窑洞。陕北古民居与自然保持和谐，讲究人文情趣和生态灵气，重视整体布局与四周环境的协调，体现出自然与人文共生的建筑理念。在外观造型上，陕北古民居把握了美学与实用的辩证统一，其独具地域性特色的造型样式大放异彩，丰富的文化内涵蕴含着中国传统审美格调，令世人叹服，这些对现代建筑仍具有借鉴意义。陕北古民居宅院是普通窑洞民居的升华，它将黄土高原传统的窑洞住宅与京城、晋中的四合院模式融为一体，又与自然地理、生产生活紧密结合，是陕北文化长期积淀的物化形式，代表着陕北窑居建筑的最高水平。它规模宏大、选址讲究、院落布局千变万化，建筑装饰精益求精，是地方优秀传统建筑文化的资源宝库，是华夏古民居体系中一支独特的支脉。

筑室之制

单体建筑

宅院结构

营造特色

II

陕北古民居的建筑结构

壹

筑室之制

中国传统文化的主流是儒家学说，而儒学的理论核心是“礼”和“仁”。礼是法制规范，仁是道德准则，这二者结合，成为了古代宗法制度的缩影。儒家思想体现在建筑上，“重礼制”形成了传统建筑严格的典章制度，“求仁德”构成了建筑装饰丰富的内容。在几千年的中国历史中，在儒家思想的影响下，大到聚落的规划布局，小到宫殿、民居等建筑单体，甚至细微到建筑上的雕刻纹样，都能看到儒家思想的影子。中国传统建筑与西方传统建筑最大的不同，是以院落来组织空间，而不是以建筑单体取胜。那么，在大大小小的院落中，众多的建筑体块如何布置？不同等级的人如何分配居室？建筑屋顶用什么样式？建筑台基设多高？房屋置几间？不同建筑门窗如何装饰？建筑装饰用什么纹样？建筑彩画用什么等级？这些都深受儒家文化的影响。中国封建社会长期以礼治国，礼制既规定了人的等级与从属关系，也规范了人所使用的建筑的等级。按照人的社会等级来划分建筑的等级，是中国传统建筑领域一种政治性和法律性的约束，如果僭越，轻则面临法律的制裁，重则招致杀身之祸。在等级森严的封建社会，虽然历朝历代都会颁布“营缮令”，对不同等级的人建屋造舍有明确的规定，但在“天高皇帝远”的陕北，古民居逾制的现象十分普遍。

明清两代，中国总体进入封建社会晚期。明初住宅等级划分较前朝更为严格，在大门与厅堂的间数、进深、雕刻纹样及油漆彩画等方面均严格限制。明代砖石建筑数量大增，发券技术大幅提高，出现了“无梁殿”的新式建筑结构。清代，木材资源进一步匮乏，民居建筑上，更注重砖石材料的应用。由于经济增长，享乐思想萌发，装饰主义在清代十分盛行，建筑装饰艺术风格走向繁复。明代到清代，中国民居建筑不再追求结构美和构造美，而更着眼于建筑组合、形体变化以及细部装饰等方面的美学形式。鸦片战争以后，清末民初这一时期，陕北与全国其他地方一样，出现了部分中西合璧的新建筑形象。

（一）建筑等级

中国建筑等级制，是按照人的社会等级来划分建筑等级，从屋顶式样、开间数、位置、装饰、用色等多方面加以体现。

屋顶的式样，是辨别建筑等级最重要的因素。中国木结构建筑有八种屋顶式样：庑殿、歇山、悬山、硬山、卷棚、攒尖、盝顶、盔顶。其中，庑殿顶为最高等级，歇山次之，悬山更次，硬山最低。其余几个屋顶式样，并没有严格的等级区分，根据特定的造型及环境需求而进行设置。重檐屋顶的等级高于单檐屋顶。北京故宫太和殿是皇帝登基、大婚、大朝和命将出征等重大活动举行的场所，使用了重檐庑殿顶，是中国古建筑屋顶的最高等级。天安门是重檐歇山顶，等级稍次。陕北古民居宅院中，除窑洞为拱券结构平顶建筑外，其余多采用抬梁式硬山顶，还有部分卷棚顶建筑。硬山式屋顶的左右两端不外挑，与山墙平齐。卷棚顶的屋顶则呈曲线形，有柔美的韵味，更多应用于垂花门、耳房、小厢房等建筑中。同样是硬山顶，曲线屋顶比平直屋顶等级更高（图 1）。

开间数体现等级。在中国传统建筑里，房屋正面两立柱之间称为一开间，而对窑洞建筑而言，有几孔窑洞就称为几开间。“阴阳五行、天

图 1. 张家大院正房与厢房屋顶

人合一、格物致知”是中国传统哲学思想。在中国传统阴阳观念中，奇数为阳，偶数为阴。九是单数中最大的奇数，因此九开间的房屋等级最高，只有皇家建筑才可使用。七开间、五开间等级次之，三开间等级最低，平民百姓使用最多。北京四合院与晋商大院的正房大多采用的是三开间。在陕北古民居中，正窑（房）有三开间、五开间、七开间甚至十一开间的，其中以五开间最多，而厢窑（房）则多采用三开间，从而形成最为典型的“五三三”式阔院。

位置体现等级。中国传统文化中讲究“以中为尊”。在总体布局上，正房、正厅、垂花门大都居于中轴线上，以显示尊贵。又有“左祖右社”“左昭右穆”等“以左为尊”的讲究，因此在宅院中，左厢窑（房）等级要高于右厢窑（房），在建筑尺寸与装饰上都可以体现。受以上传统文化影响，在古民居中，正窑（房）等级最高，既使是同一排房屋，最中间的房屋等级最高，而东侧房屋等级高于西侧。

建筑装饰体现等级。作为传统民居，建筑装饰必不可少，包括造型与色彩两方面。装饰的造型、精细程度、表现内容都可以体现建筑等级。例如一排正窑，中间窑洞的门格窗棂较两侧更讲究，而正窑整体的门格窗棂较厢窑更精细复杂。色彩也可以体现建筑等级。红墙黄瓦是皇家建筑的专用色彩。例如黄色的琉璃瓦、红色的墙体，只允许在皇家建筑、皇家庙宇、文庙、孔庙上使用。陕北古民居整体色调为砖石本色，多用青砖灰瓦，只在木结构上施以色彩。朝外的门窗等木结构，因受风吹日晒雨淋，颜色早已脱落，用色无从考证，但大门上的木结构因藏于门屋之下，普遍保存较好，可以看到门扇多用绿色，而门框多用黑色。

装饰彩画体现等级。中国木构架建筑，为了防腐、防潮，多在梁、柱及枋上施以彩画。彩画主要有三种，应用于不同等级建筑上。和玺彩画，双括弧形式，中间填充龙、凤图案，只有皇家重要建筑可用；旋子彩画，藻头部分不画龙纹而画旋子纹样，用于皇宫一般殿堂或大型寺庙；苏式彩画，没有龙、凤纹样，也没有单括弧、双括弧的箍头，它是一个个包袱，中间为人物故事、飞禽走兽和自然山水等，有很大玩赏性，是最低等级供百姓使用的彩画。陕北古民居室内梁枋极少用彩画，装饰重点集中在室外檐柱间的斗栱和梁枋等露明的木构件上，多施以苏式彩画，以蓝、绿色为主色调。

（二）宅院里的尊卑

中国封建社会的宗法礼教强调尊卑、长幼和内外的区分。陕北古民居宅院中，正窑（房）的台基高度，房屋的进深、开间、柱高和柱径的尺寸都最大，工程用料要最好，装修与雕饰要最精，一切都要居全宅之首。厢窑（房）等其他房屋次之，要相应减小或降低以示主从关系。不仅正窑（房）与厢窑（房）、倒座房等尺度有别，就是一排正窑的几孔窑洞，内部空间尺度也有差别。最中间的窑洞空间最大，两侧减小，以表示“中为上”的尊卑观念。东厢窑（房）尺寸略大于西厢窑（房），以表示“东为上”。在住房分配上，家长住中窑，也是“中为上”的意思，其余人口按长幼次序分别住东厢窑（房）、西厢窑（房）。倒座房一般作接待客人或用作马棚，男仆都必须住在外院。

综上，一所宅院中，家长的地位最高，其余家庭成员则是长幼有序，长子、长孙地位要高于同辈的兄弟。主人与仆人之间尊卑关系极严，对于妇女更是加以约束，强调内外有别。这些礼法在宅院建筑中，从总体布局到个体建筑的装饰、尺度，再到房屋的使用分配都能体现出来。

（三）风水

自古以来，陕北窑居在选址上非常注重风水，建造时必请风水大师为自己的居所把关，包括选址、朝向、布局、动工吉日等。剥离迷信的成分，窑洞选址的科学之处，是为这一“穴式建筑”的安全性与舒适性“掌舵”。靠山临水，前有开阔地（通常朝南），最符合陕北黄土高原的居住条件，既能挡住冬天从西伯利亚吹来的冷风，又能保证室内得到最多的光照。还要保证所选基地土壤质地坚硬细密，适于掘洞而居。陕北古民居的选址，最为典型的，当数位于米脂刘家峁的姜氏庄园和高庙山的常氏庄园。两座地主庄园均选择向阳的山弯，背靠大山，四周围合，以求向阳避风。同时，庄园的靠山雄厚、博大而饱满，山脉深且长，讲究的是藏福聚气，以使主人增运固福。两座庄园还巧妙利用了宅前数十米深的天然沟壑作

图 2. 姜氏庄园选址

图 3. 常氏庄园选址

图 4. 常氏庄园对面人工景观

为屏障，在战争频发的陕北，使庄园有“一夫当关，万夫莫开”的防御优势。最具特色的是，两座庄园还依据地形高低起伏，随山顺势，巧妙地营造出错落有致的高原窑洞民居景象。常氏庄园还巧用借景手法，将对面的山体以及植物景观纳入眼前，营造出一个四季变换的动态景观环境（图 2 ～ 4）。

贰 单体建筑

据考古发掘的资料，四合院早在西周时期（约前 11 世纪—前 771）就已形成，它们的形态随地域不同而各具特征，有北方四合院、南方天井院、西北黄土带的窑洞和福建等地的围陇屋、土楼，等等。陕北古民居合院内，不同院落空间可分别供家庭里的长辈、主人、子女、客人、管家及仆人使用，符合封建礼教的家庭伦理关系，同时也体现了父子、男女、主仆之间的主从关系。而组成院落的正窑（房）、耳窑（房）、厢窑（房）、倒座窑（房）、过厅、垂花门、影壁及大门等单体建筑，因受地理气候环境、生产生活方式、风俗信仰习惯、审美趣味及工艺水平的影响，形成了极富地域特色的结构和形式，以下分别进行阐述。

（一）正窑（房）

陕北古民居的正窑，依据建构方式，可以分为靠崖式（崖窑）和独立式（箍窑）两种。 靠崖式窑洞，或靠山或沿沟，均依崖面挖洞造室而成。独立式窑洞是一种掩土的拱形房屋，有土墼拱窑洞，也有砖拱、石拱窑洞，这种窑洞无须靠山依崖，能自身独立，又不失窑洞的优点。很多窑洞大宅院中既有崖窑，又有箍窑，而且正窑多为崖窑，厢窑多为箍窑（图 5、6）。也有一些窑洞大宅院中全部是箍窑（图 7、8）。陕北地广人稀，箍窑也多为单层。但在佳县的佳芦镇、绥德的义合镇和府谷的黄甫古镇等一些古镇中，有少数“窑上房”

图 5. 崖窑与箍窑结合的高家沟魏家大院

图 6. 崖窑与箍窑结合的艾家沟刘耀武大院

结构，这与古镇人口聚集，宅基地受限制有关（图 9 ~ 11）。由南至北，陕北地质地貌由丘陵沟壑区过渡为风沙草滩区，正窑呈现出从崖窑向箍窑转变的趋势。到了最北边的神木、府谷地区，一些古民居大院内正房不再是窑洞，而是砖木结构硬山顶房屋。因陕北古民居大院的主人非富

图 7. 蟌镇冯家大院全部为箍窑
图 8. 赵庄张家大院全部为箍窑

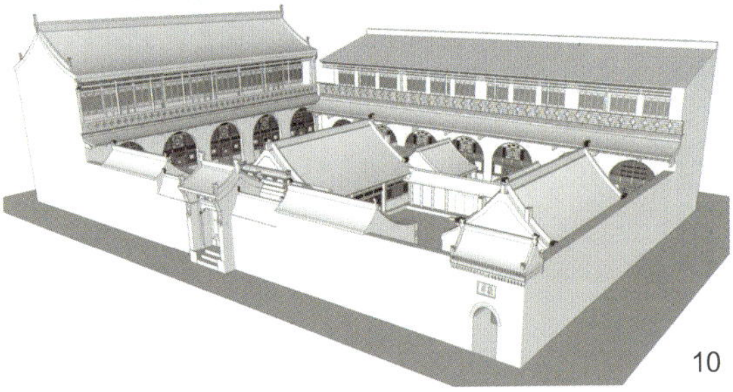

图 9. 义合区委大院的“窑上房”结构
图 10. 佳县张家大院三维复原图中的“窑上房”结构
图 11. 黄甫孙家大院“窑上房”结构

图 12. 神木白家大院砖木结构正房
图 13. 黄甫李家大院砖木结构正房
图 14. 磁尧沟张家大院砖木结构正房

图 15. 党氏庄园党仲雍院主窑建筑等级最高

即贵，其正房等级远高于普通北京四合院（图 12 ~ 14）。

正窑（房）是陕北古民居大院内最核心的建筑，其等级最高，最为尊贵。台基、建筑高度、室内空间尺度、门格窗棂、窑檐及窑顶装饰均比厢窑规格高。正窑最正中的一间称为“主窑”，是一家之主居住之所，其空间尺度大于两侧窑洞，体现了尊卑有序的宅院秩序。党氏庄园党仲雍院一排五孔正窑，主窑空间尺寸大于两旁窑洞，中开的窑门与繁复的窗格纹样都体现了主窑的建筑等级（图 15）。正窑多为五间，也有三间、七间、九间和十一间的，一般为单数。在中国古代，单数为阳，象征着上升和吉祥，受到人们的崇拜。古民居宅院内，还常在主窑两侧的窑面上，设两个佛龛，一侧为土地之位，另一侧为天地之位，是百姓用于家庭祭祀的场所（图 16、17）。

图 16. 天地之位

图 17. 土地之位

图 18. 常氏庄园正窑上黄泥抹面

图 19. 杨家沟重庆堂大宅院石材建筑

20

图 20. 赵庄张家大院正窑

图 21. 孤山白家大院正窑

18

19

1. 正窑（房）选材及特色

在南部丘陵沟壑区，河流纵横，沟渠遍布。因石料易得、成本低，石材成为窑洞及其他建筑的主要材料。财力雄厚的大宅院内，石窑多采用大块石材垒砌，以求坚固稳定，历经百年至今保存完好。财力稍逊的宅院，则多采用片石。讲究的大宅院，石窑的内外多用黄泥抹面，形成细腻、光洁的表面（图 18）。在一个宅院内，块石、片石、碎石、石板被使用在建筑的不同部位，物尽其用，体现了黄土高原上人们对建筑材料的珍视（图 19）。北边的榆阳、神木、府谷等地，位于黄土高原边缘地带，石料获取不便，砖被大量使用，因此，这些地方分布着大量砖窑。北部的冬季更为寒冷，使这里砖箍的窑洞呈现出不同的面貌，其门窗尺度骤减，窑腿增厚，以减少热传导，提升室内保温效果，充分体现了地方建筑特色（图 20、21）。与石材相比，砖自重小，容易施工，但在明清时期，砖窑成本高于石窑。

2. 正窑（房）外装饰

明清时期，砖、瓦工艺得到大力发展，这使得陕北古民居大宅院正窑（房）的造型更加丰富多彩。在佳县、吴堡等沿黄村落，因采取石料很方便，正窑几乎全部为石窑建筑。这些石窑前还多采用木结构形成穿廊抱厦的形制。因窑洞前檐出挑较远，形成充足的檐下空间，便于沿黄地区主要经济作物——红枣的晾晒与储存（图22）。讲究的穿廊抱厦，在木结构间通过增加雀替和柁墩来进行装饰，两侧的山墙墀头上，则用砖雕戗檐板和须弥座来装饰。吴堡张家山镇寺沟村一处正窑的穿廊抱厦木结构上，用带枝叶的寿桃、牡丹及莲荷来装饰雀替，用精美的“凤戏牡丹”图案雕饰戗檐板，用寿桃、大象等形象装饰须弥座，将窑洞前立面打扮得十分漂亮（图23、24）。随着制砖工艺的长足发展，砖窑的装饰也变得十分精彩。在整洁的砖窑面子上，常采用砖仿木的结构，将窑洞檐口装饰得华丽而隆重。府谷郝氏庄园是一座清代建筑，其砖雕装饰主题之丰富、雕工之细腻、覆盖面积之广，在陕北窑洞古民居中十分典型（图25）。无论是石窑还是砖窑，雕花的瓦当、滴水、女儿墙、脊砖、脊兽等砖瓦装饰构件，构成了屋顶装饰的主要内容。窑洞门窗开设在朝院子

图 22. 佳县木头峪厦子下的枣笆
图 23. 吴堡寺沟村穿廊抱厦木雕
图 24. 吴堡寺沟村穿廊抱厦砖雕
图 25. 深塬郝氏庄园墙面砖雕

图 26. 张家大院正房

图 27. 张家大院墀头装饰

图 28. 张家大院正房挂落

图 29. 张家大院门格窗棂

的立面上，是窑洞前立面装饰的重要内容。为了达到良好的采光和通风效果，一些洞口开得非常大，洞口内有正方、长方、还有一边是弧线的三角和四边形的窗框形态。在这些外形不同的窗框内，木棂条的组合方式也多种多样：方格、斜方格、步步锦、团花等，疏密有度，十分热闹。正窑的主窑、两次间窑洞与两稍间窑洞的门窗组合，均不相同，采用这种方法，使每座窑洞的门窗在总体上表现得统一而有变化，一破吊滞。

古民居大宅院的正房位居中轴线上，是宅院最高等级建筑，装饰最为讲究。府谷磁尧沟张家大院的正房，位于高台基之上，需踏七级台阶而至，显示了正房的尊贵地位。两侧山墙墀头最显眼的位置上，置砖雕须弥座进行装饰，其束腰上临空的三个面上，内镶浮雕鹿、鹤、竹、松、莲荷、菊花等图案，古朴、庄重、精美，表达“一路连科”“松鹤延年”的美好期盼。屋顶出檐近两米，在屋前以双柱撑起，下有鼓形柱础石承托。立柱与额枋间以木雕挂落装饰，其上雕刻西番莲缠枝纹，藤枝蔓叶上下勾连，有视觉延伸的动感。枋间正中分别悬挂三块匾额：“翰院齐名”“儒林重望”“三元真宅”，昭示宅院主人的功名与威望。外檐下的挂落、额枋、平板枋、斗栱和檩木上皆施彩绘，将正房前立面打扮得漂亮又隆重。硬山式屋顶上，砖瓦装饰精致细腻，屋脊高雕菊花与莲荷，象征坚韧不拔的精神品格和清高庄重的君子性情，正脊两侧的五尾张口兽鸱吻，显示了宅主的官位等级（图 26 ~ 29）。通过以上的装饰手段，使宅院正房蕴含着丰富的人文内涵，传达出建筑背后所蕴含的丰富的文化信息。

3. 正窑（房）内布局

火炕是每孔窑洞室内的标准配置，有掌炕、顺炕和窗炕三种布置方式，其区别在于位置的不同。陕北的灶台和火炕相连通，做饭同时，使燃烧的热量循环于土炕之下，物尽其用，非常智慧。讲究的窑洞内部，往往通过设置暖阁来分隔空间。暖阁以内的休息区，既有较强私密性，又有

图 30. 杨家沟某民居炕围画
图 31. 黄甫李家大院正房暖阁
图 32. 磁尧沟张家大院“枕头窑”

良好的保暖性。炕围的四周常用油漆彩画进行装饰，而暖阁上则精雕细刻，装饰精美（图 30、31）。窑洞内壁上，往往通过掏挖的方式，形成“负空间”，存储、置物十分方便。有的窑洞内部，通过在窑腿上打洞，使并列的几孔窑洞横向串联，形成“前后窑”或“过洞窑”，解决了单孔窑洞的局限，提升了窑洞空间使用的灵活性。还有的通过纵向套连的方式，形成主窑与仓窑的串联。

磁尧沟张家大院以南的张氏宅院，其正窑室内是“枕头窑”的形制。从窑体外面看，中央是门，两边是窗，内部实际上是一个横向贯通的大窑洞。这种窑洞室内空间很大，朝南一门两窗，采光极好（图 32）。在陕北古民居大宅院中，这种“枕头窑”还常作为待客大厅使用。

无论正房是三间还是五间，多用实木板吊顶，两侧布置成卧室，中间留活动空间。居中的这一间，一张方桌与两把椅子成为固定配置，两侧卧室则用木板壁或暖阁进行分隔，既实用又美观。神木古城白家大院正房五

图 33. 白家大院正房内的壁龛木雕及彩绘

图 34. 白家大院正房内的壁龛两侧柜子

图 35. 白家大院正房内的木板壁

图 36. 白家大院正房内的卧房

间，正中靠墙设壁龛。壁龛内侧以壁画装饰，外部架设木雕门头，形成一个嵌套的内部空间，以供奉祖宗牌位。木雕门头上是椽头、檩木和斗栱结构，下是额枋、立柱和垂柱结构，从形式到雕刻、彩绘均十分精彩（图 33）。壁龛两侧沿墙布置立柜与卧柜组合，储物空间十分充足。东、西两梢间，是两间卧室，由雕花木板壁相隔，室内炕、灶相连（图 34 ~ 36）。

（二）耳窑（房）

耳窑（房）是位于正窑（房）两侧的小窑（房），因像正窑（房）的两只耳朵而得名。耳窑（房）多用来存储杂物，家中人口较多时，耳窑（房）也可住人。耳窑（房）因往后退缩，前面形成一方小院落，丰富了四合院的空间（图37）。一些规模较大的窑洞宅院内，在正窑的两

图 37. 黄甫李家大院西耳房

图 38. 姜氏庄园“暗院”小门

端，暗藏两个封闭的小院落，分别为仓院和厨院。陕北窑洞庄园最为典型的“明五暗四六厢窑”格局，其中的“暗四”，便指的就是这暗藏的四孔窑洞。不同的是，耳窑与正窑间没有围墙相隔，直接连通，而这“暗四窑”与正窑间，用围墙和小门分隔内外（图38）。府谷县黄甫古镇上的古民居形制，自成风格，别具地域特色。上院的东耳房建成下窑上房的结构，形成高于正房的二层楼阁。据当地老人们讲，这二层楼阁是绣楼，专供家中女儿居住。古时女子地位低，大门不出二门不迈，这高高在上的闺阁，如同牢笼，束缚着女性的自由。古镇内现保存最完整的李家大院内，其上院东耳房的二层楼阁上悬挂木匾“泮兆两闱”，显然又是读书之所（图39）。

（三）厢窑（房）

厢窑（房）为儿子与媳妇居住，与正窑（房）相比，其地位降低，因此台基、建筑高度和装饰等级降低，室内空间减小。陕北古民居大院内的厢窑，多为独立式单层窑洞，二至三间。每间或独立对外开门，或与其他窑内部连通，对外只开窗户。无论哪种形式，东厢窑与西厢窑的门窗均呈对称布置。古民居大宅院中，也有在正窑（房）东西两侧布置砖木结构厢房的案例。这些厢房，有两种屋顶样式。一种为双坡式硬山顶，

另一种是单坡屋顶，即关中八大怪之一的“房子半边盖”形式（图 40）。无论哪种屋顶形式，房屋都由柱子承重，有“墙倒屋不塌”的特征。按“东为上”的传统观念，东厢比西厢尊贵，

图 39. 李家大院二层楼阁

图 40. 义合区委大院单坡顶厢房

因此有“哥东弟西”的说法。据实测，米脂姜氏庄园的东厢房比西厢房高出 30 厘米。

（四）倒座窑（房）

倒座窑（房）多由客人或下人居住，多为一层，也有将其设置为马棚，形成倒座马棚的。因在合院中地位最低，其建筑高度较厢窑（房）更低，多与宅门连为一体，与正窑（房）相对。常氏庄园大门两侧的倒座，为宾客居住的场所，营建时通过将紧靠大门两侧的倒座房尺寸缩小，一则凸显了大门气势，二则丰富了立面效果，可谓一举多得，体现了陕北工匠的智慧（图 41）。吴堡中高家庄高家大院中，有倒座窑十一孔，分

图 41. 常氏庄园倒座
图 42. 中高家庄倒座
图 43. 磁尧沟张家大院过厅

布着骡马窑、草窑、柴窑、羊圈、厕所等，石板窑檐，因倒座地位最低，建筑以功能性为主，没有装饰（图 42）。

（五）过厅

在多进院落中，有时以过厅分隔或连通内外。过厅位于中轴线上，是第一进院落内等级最高的建筑，同时又是第二进院落的倒座。它高大雄伟、装饰华丽，建筑内外布置讲究，体现着主人的审美情趣。过厅一般为三开间，以砖木结构房屋为主，屋顶多为双坡硬山或卷棚顶，门格窗棂雕刻精美。有过厅的宅院，其两侧留有通向内院的通道，因而过厅面宽比正房略窄，平时下人和货物都由两侧通道穿行，只有家中尊长和

重要客人才可穿厅而入，体现了四合院的尊卑等级（图 43）。

（六）垂花门

在多进院落中，除了用过厅分隔院落内外，还有在中轴线上设垂花门来分隔的。垂花门的前后共有两道门，前面安有两扇板门，后面柱子间安有屏门。屏门一般是关闭的，行人步入后由左、右两旁进入内院。只有遇到大事时方才打开，邀请来宾通过中央的屏门步入内院。垂花门的一大特色，即前柱不落地，而是悬于空中，形成两根下垂的短柱。为了使垂柱的截面好看，柱头上多雕刻立体的各种花饰，其中以莲花图饰最为多见。姜氏庄园垂花门为卷棚顶，左右两条雕花垂脊上的八只兽头将屋顶装饰得很隆重（图44）。檐下木结构雕工细腻，装饰精美；“武

44

图 44. 姜氏庄园垂花门
图 45. 姜氏庄园垂花门装饰
图 46. 绥德花墙院垂花门

魁”匾额体现了姜家的功名和荣耀；门簪雕刻为寿桃形，有“长寿”的寓意；门扇上的铁艺装饰虽早已残缺，但从斑驳痕迹仍能看出曾经的精致与讲究；方形门礅石，精雕细琢。黑色的门框、绿色的门扇、蓝色的匾额、红色的大字、蓝绿色调的彩画、红色的望板和绿色的椽子，使这内院之门显得隆重又华丽（图45）。垂花门丰富了空间层次，又反映了主人的地位和财势。除了木结构的垂花门外，因木材资源缺乏，陕北古民居中还常用砖砌门楼代替前半部分垂花门结构，形成一半砖砌、一半木结构的垂花门式样（图46）。各种砖仿木的结构与屋顶砖瓦装饰一起，将这具有地域特色的垂花门，打扮得也十分精致华丽。

（七）影壁与院墙

影壁和院墙是独立于其他房屋之外的墙壁，是古民居内一类特殊建筑物。影壁是位于大门内外的矮墙，有挡风和阻隔视线的作用。影壁最早出现于西周，明清时期发展成熟，被大量应用于民居当中。古民居讲究风水，既要“气畅”，又不能“直冲”，因而产生出影壁这种建筑形式。同时，迷信的说法是因阳宅要防止鬼魂的骚扰，这宅门内、外立一堵墙，便挡住了仅走直线的鬼魂，从而起到辟邪的作用。影壁的设置还有冲煞气、制造

图 47. 姜氏庄园院墙顶部的结构与装饰
图 48. 姜氏庄园垂花门两侧神龛
图 49. 神木古民居影壁

生气和扭转气场之作用，可使宅院趋吉避凶。院墙在大宅院中，有界分内外的作用。讲究的院墙顶部，从下到上，依次用槽砖、弓砖、圆砖和方砖层层挑出，形成层次丰富的视觉效果（图 47）。米脂姜氏庄园和常氏庄园垂花门两侧的围墙上，还通过设置神龛，形成家庭祭祀的空间（图 48）。

陕北古民居宅院中，很重视影壁的装饰，它是主人身份的象征。与中国古建的“三段式”结构相同，影壁可划分为壁座、壁身和壁顶三部分。影壁在古民居院落中，起着序幕和先导的作用。建造者往往不惜工本精雕细刻，使之成为独立的艺术品。根据影壁所处位置的不同，分为门外影壁和门内影壁两种类型。无论哪一种影壁，壁顶常采用硬山式屋顶式样，从屋脊至壁座，均可进行加工装饰。壁身是装饰的重要部位，大都采用砖雕进行装饰。壁座则多用石材砌筑成须弥座的形式，并加以装饰（图49）。

48

49

（八）大门

古人言：“宅以门户为冠带”，中国封建社会以礼治国，门是家族社会地位和官级品阶的象征。各个朝代的朝廷对大门的使用有相当明确和严格的规定。清政府规定：亲王府五间，郡王府三间，其余住宅，包括贝勒、贝子、公侯伯子男各等爵位以及大学士、尚书等高官的住宅，与普通民居一样，大门只能有一间。同时对装饰图案、彩画的使用也有明确规定。宅门作为中式院落的门面，在建筑中占有重要地位，很受人们的重视。无论是造型、结构，还是雕刻、装饰，都是中国传统古建筑艺术最为集中的体现。陕北古民居大门结构丰富，按形式和做法，大致可分为屋宇式门、随墙门、城堡式门和中西合璧式门四种类型，下面用实例分别介绍。

1. 屋宇式门

屋宇式门是在四面围合的院落中，用倒座房的一间作为大门而形成。因门屋比两侧倒座房高，因此具有独立屋顶，两旁的山墙也突出在外以显示大门位置。在陕北大宅院中，几乎所有屋宇式门的门扇均安装在屋顶脊檩之下，将门屋分为内外相等的两部分，也称作“广亮大门”。这种“广亮大门”在屋宇式门中等级最高，仅次于王府大门，是陕北古民居大门的主要形式，遗存很丰富。

屋宇式门的装饰十分精彩。屋顶部分，除少数采用石板铺顶的地方做法外，多采用筒瓦屋顶。筒瓦铺设的屋顶，在屋面上形成一行行瓦垄，位于最前端的筒瓦上有瓦当，其上装饰有造型丰富的图案或文字。向下的板瓦头上，为便于排水，有“滴水”，呈倒三角形，两斜边常做成如意曲线状，里面填充图案。门屋顶上正脊和垂脊上的脊砖和鸱吻，是屋顶的两大装饰区域。受封建礼制制约，脊砖和鸱吻的使用，要符合等级，不能逾制。神木白家大院大门屋顶采用五脊六兽的式样，屋脊上采用镂空砖（当地人称“穿风脊子”）和张口鸱吻，已超出清代七品官的规格，体现了宅主较高的功名等级（图 50）。为了固定最前排的瓦，一些屋顶上还加设瓦钉，整齐排列的瓦垄和有序的瓦钉，形成富有韵律的节奏美感。寓意丰富的门头匾额，不仅表达了宅主的思想境界，同时也是对后世子孙的寄望，是陕北文风的重要体现。门簪形态丰富，多为牡丹、莲花等花卉造型，其断面有圆形、方形和六角形等，均成对出现。外檐下的额枋上木雕、彩画样样精彩。山墙上石雕、砖雕细腻精美，“麒麟送子”“刘海戏金蟾”等传统纹样应有尽有。山墙内侧墙面则用龟背纹或几何纹砖进行拼砌，四周再以花边做装饰。门下两侧置石礅，雕刻精美，寓意深远。

图 50. 神木白家大院门屋上的脊饰
图 51. 姜氏庄园门匾与门簪

图 52. 姜氏庄园下院大门
图 53. 党氏庄园党仲雍院大门
图 54. 佳县大会坪某大门

有的大门前还有上马石。门扇上的铁艺装饰，则将实用与美观高度统一，体现了陕北匠人丰富的创造性。

以米脂姜氏庄园下院大门为例，两侧山墙墀头砖雕精美，门屋山墙内侧檐柱与脊柱之间，用细砖进行拼贴装饰。屋檐下的额枋和雀替上均采用彩绘和木雕进行装饰，门板上方的门匾，“大夫第”三个大金字书法水准上乘，是家族荣耀的象征。门框上的门簪，既是功能部件，用于固定门框的中槛，又因位置显眼，将其刻画为寿桃造型，寓意长寿吉祥（图51）。大门两侧的抱鼓石，雕刻“双龙戏珠”“金猴立顶”等图案，含有吉祥喜庆的寓意。整个大门装饰精美，雕艺精湛，集中反映了宅主对福、禄、寿、喜的追求（图52）。

有一些古民居大门通过在门屋外设置数级踏步，使大门显得高大威

图 55. 深墕郝氏庄园大门

图 56. 四十里铺吴家畔大门

图 57. 姜氏庄园城堡式大门

武（图 53）。还有一些屋宇式大门，因门屋深度缩减，使屋檐变得十分陡峻，形成具有地方特色的屋宇式大门（图 54）。

2. 随墙门

陕北古民居的随墙门是在院墙上开门洞，上用青砖拱出券，采用平顶、坡顶或卷棚顶的大门式样。随墙门的正立面常用带有雕刻图案的贴面砖进行装饰。贴面砖有多种造型，可以在墙面拼贴出各种花饰。顶檐部分的带状装饰，常用雕刻有“卍”字纹、回纹、卷草纹的砖横向相连而成。有的还在檐头下面用砖拼出斗栱、垂柱和柱间梁枋结构，然后再饰以各种吉祥纹样，形成条带状的装饰，使大片素平的砖墙显得十分华丽（图 55、56）。

3. 城堡式门

陕北地处边关，自古战事不断。一些地主或富商的宅院大门，融合了长城建筑元素来进行营造，以求家宅稳固，十分具有地域特色。被誉为西部民居第一宅的姜氏庄园，其大门便采用了城墙、墙垛和马面的元素，使城堡一样的庄园固若金汤（图 57）。杨家沟重庆堂，坐落于离地 8 米的高台之上，四周寨墙高筑，建于清同治年间。城墙上的马面造型，

58

图 58. 杨家沟重庆堂城堡式大门
图 59. 杨家沟新院大门
图 60. 木头峪苗晋文院大门

59

60

图 61. 艾家沟刘耀武院大门
图 62. 米脂古城民居大门
图 63. 木瓜镇袁氏宅院大门

在这里成了宅院的大门，就连墙垛上的射击孔也保留了下来，使这座大门地域特色十分鲜明。拱形的门洞之上，石匾题“林泉拱秀”四个大字，又使其平添了山清水秀的江南韵味。要知道，在干旱少雨、沟壑纵横的陕北，有林又有泉的地理环境，可真称得上是风水宝地了（图 58）。在杨家沟，“窑洞革新家”马醒民的新院，因对传统窑洞进行了极富创造性的改革而举世闻名。宅院的大门及围墙，采用了城墙造型，其构思及营造之巧妙，就连毛主席到此地时，也由衷地赞叹马醒民先生是一个既懂军事又懂建筑的设计家（图 59）。佳县木头峪苗晋文大院，建于民国初年，是新中国成立前木头峪村修建的最后一座明柱抱厦大宅院，大门有城堡、寨子的结构特点，具备防洪、防盗、防战乱的功能（图 60）。

4. 中西合璧式大门

清末，西方文化的传入，导致民间也出现了一些中西合璧的大门形式。绥德艾家沟刘耀武大院的大门，在传统屋宇式大门基础上，外接西式大门罩面，形成中西合璧的大门形式（图 61）。米脂窑洞古城一处民居的大门，是在随墙门的基础上外接西式大门罩面，形成了另外一种中西合璧的大门形式（图 62）。府谷木瓜镇的袁氏大院，采用的也是中西合璧

61

62

63

图 64. 米脂县东街小学
图 65. 木瓜镇小学
图 66. 佳县谭家坪教堂
图 67. 榆阳区天主教堂

的随墙门形式（图 63）。除民居建筑外，中西合璧的建筑风格还在学校、教堂等公共建筑上出现较多，形成清末至民国这一特定时期的一大建筑类型（图 64 ~ 67）。

除了以上列出的四类大门之外，陕北古民居中还

68

图 68. 黄甫李家大院大门正面与侧面

有一些特殊的大门形式。黄甫李家大院建于清道光年间，其大门为硬山式屋顶。外檐下，五层斗栱层层向外挑出，既具有结构功能，又因斗栱本身结构繁复、极富韵律，产生强烈的装饰效果。再加上檩、斗栱、花板和额枋上的精美木雕及彩画，使整个大门显得绚丽多姿。高悬于大门上的门匾，上书“天锡纯嘏”，“锡”通“赐”，是上天赐予鸿福之意。屋顶之上的穿风脊子和张口兽，体现了宅主极高的社会声望（宅主未从政）。门板上的彩绘门神，给整个大宅门平添了一份威严（图68）。杨家沟裕仁堂大宅院，用倒座窑中的一孔作为进出宅院的通道，外接一半屋宇式门头，形成宅院大门（图69）。绥德古城花墙院的大门，也是用倒座窑中的一间作为进出宅院的通道，只不过外接了随墙门的门头（图70）。

69

70

图69. 杨家沟裕仁堂大门
图70. 绥德古城花墙院大门

叁

宅院结构

陕北古民居宅院的规模一看身份，二看财力，三看需求，往往前后、左右分布多重院落，但不附有园林。宅院的基本单位是“进”和“跨”。“进”表示的是纵向结构，纵向多少个院子，就称为多少进。从大门开始，按照院子的位置不同，分别称之为“第一进”“第二进”和“第三进”等。多进的陕北古民居宅院，常常因山就势，形成高低落差较大的院落平面。“跨”表示的是横向结构，横向多少串院子，就称之为多少跨院落，按位置的不同，有东跨院或西跨院。

（一）纵向结构

1. 单进院

单进院是最简单的四合院，中间为院落，四周房屋围合。与晋商窄狭大院不同，陕北多为阔院式住宅。陕北地广人稀，又因气候寒冷，宽阔的院落能尽可能增加光照，是适应独特地理气候环境的选择。单进的宅院是由正窑（房）、厢窑（房）

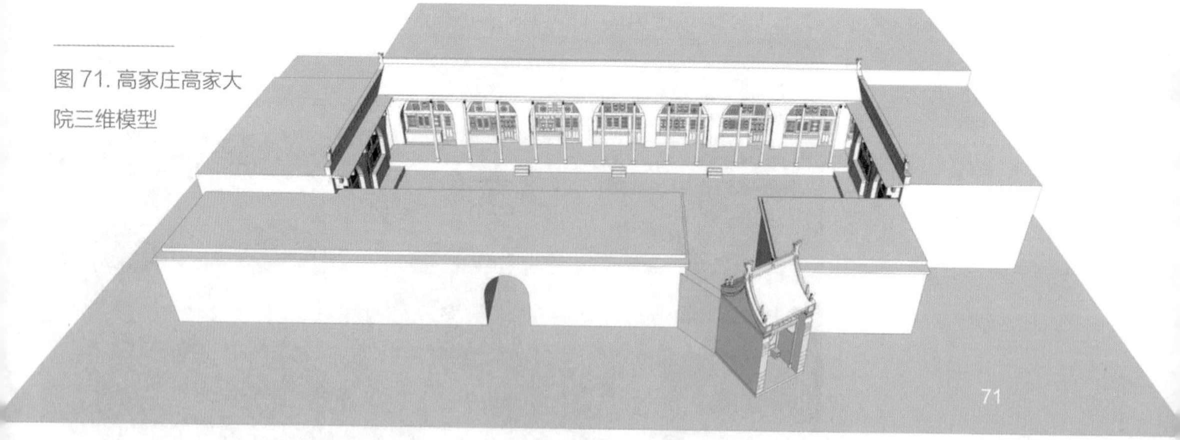

图 71. 高家庄高家大院三维模型

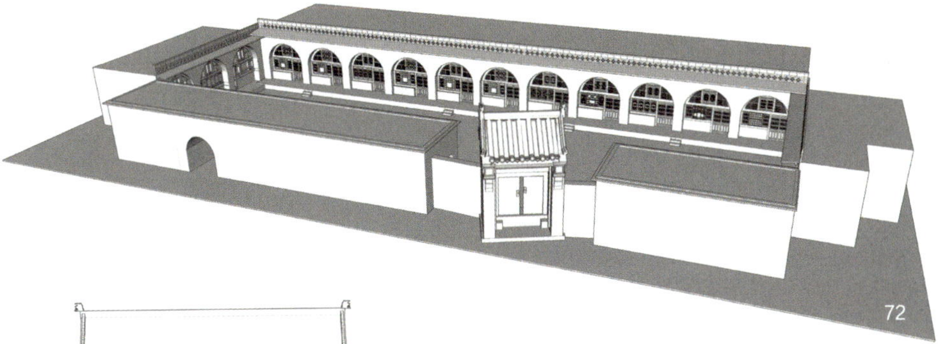

72

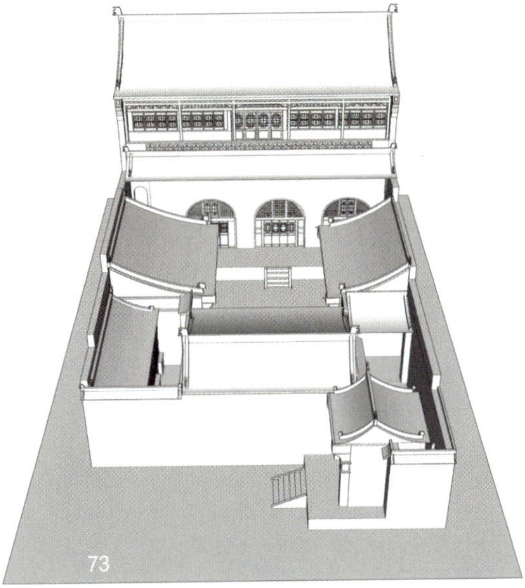

73

图 72. 高家庄高财主大院三维模型
图 73. 义合区委大院三维模型

与倒座一起围合形成四合院落。单进宅院的大门朝向多不固定，依据山势地形和出路而定。吴堡中高家庄高家大院坐东北向西南，是陕北最为典型的阔院式单进院落。穿廊抱厦形制的“明七暗八”正窑、两孔半厢窑与倒座围合成四合院。院内住窑、仓窑、马棚、草房、羊圈、猪圈、鸡窝、厕所等一应俱全。人畜行走分离，功能完备，布局合理（图 71）。同村另一户高姓财主大院，整体格局与之类似，只是一排正窑竟多达 11 孔窑洞，形成更为宽阔的单进院落（图 72）。因与山西毗邻，又因明清时期晋陕贸易往来频繁，陕北单进院古民居遗构中，也存在模仿晋商大院而形成窑院的案例。绥德义合镇自古以来是晋陕交通要道，坐落在此的区委大院是一座清代建筑，它采用的“三间正窑”“窑上房”和“半坡屋顶”结构形式，均是晋商大院的典型特征，体现了商贸活动影响下建筑文化的传播。区委大院是由下窑上房、东西单坡厢房和倒座房围合成的一个单进窄狭院落（图 73）。

2. 两进院

由外院和内院（或称前院和后院）共同组成的宅院，称为两进院落。两进院落内外有别、秩序井然、功能清晰、结构紧凑，是大多数陕北窑洞大宅院所采用的格局。外院兼有待客、仆从居住、粮食加工和饲养牲畜等功能，内院是主人家庭生活的主要场所。外院和内院之间设垂花门分隔内外。两进的宅院，大门位置亦不固定，或位于东南角，或位于中轴线。米脂常氏庄园（常老三和常老四宅院）为典型的中轴对称的两进院落。“大门—垂花门—正窑”形成清晰的中轴线。外院的北边是正窑，由管家、仆人居住，南边是倒座房及屋宇式大门，是接待宾客及进出宅

图 74. 常氏庄园三维模型

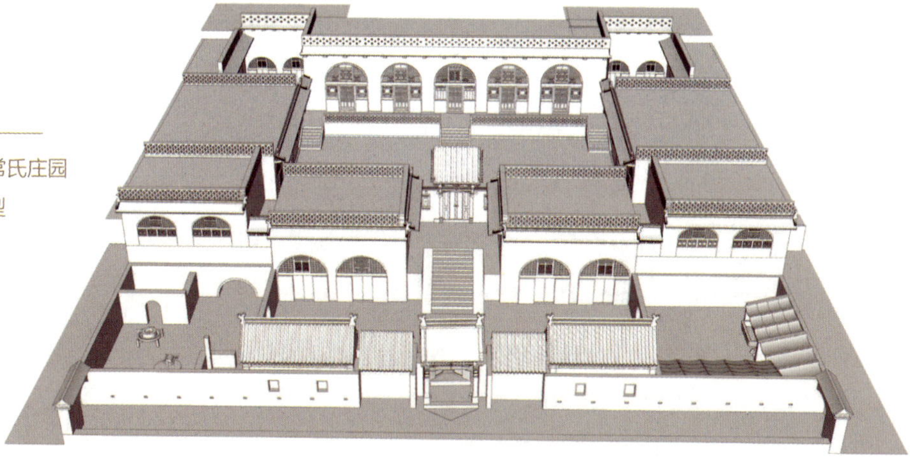

74

院的场所。南北纵深七米，与东、西两侧带有月洞门的围墙围合成外院。月洞门内分别是碾磨院和马棚院，形成东、西两个套院。外院和内院之间用围墙分隔，中间设垂花门。垂花门是内院的大门，穿过之后便进入内院。内院非常宽阔，是整个宅院的核心，也是全家人生活起居之所，采用陕北窑洞庄园最为典型的“明五暗四六厢窑”格局。由正面五孔窑洞——“明五”，东、西套院内的四孔窑洞——“暗四”，和东、西厢窑各三孔——共计“六厢窑”组成。这围合成内院的窑洞数量非常讲究，因为无论是分是合都是单数。古人认为单数为阳，有增长的寓意，蕴含“人财两旺”的美好期盼（图 74）。

3. 三进院

三进院是指由前院、中院和后院组合而成的院子，占地规模更大，多为财力雄厚的地主或富商所建。米脂刘家峁姜氏庄园是陕北最大的地主庄园，是三进院落。沿坡道入寨门，穿过涵洞后，进入第一进院落。

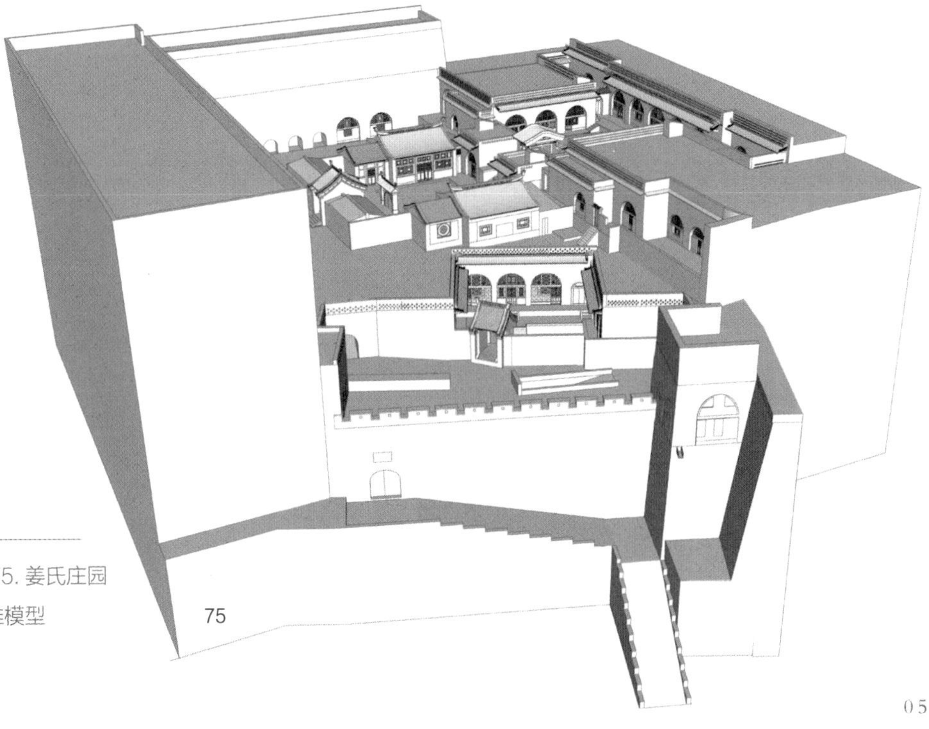

图 75. 姜氏庄园三维模型

75

前院内有井窑，另嵌套一座下院。下院为完整四合院，由正面一排五孔窑洞，东、西各三孔厢窑，与倒座马棚及屋宇式大门围合而成，是管家、下人居住以及少爷们读书的场所。拾级而上过涵洞，进入中院平台，“中院大门—垂花门—后院主窑”形成中、后院的中轴线。中院又是一座四合院，其北面是两孔正窑，通往上院的15级垂带踏步夹于其中，东、西两侧为厢房，南面是倒座马棚及屋宇式大门。经踏步，过垂花门，进入后院。后院是宅院主人生活起居之所，采用的是窑洞庄园最为典型的“明五暗四六厢窑”格局，宅院宽阔气派。除了这纵向的院落结构外，姜氏庄园中院的东、西两侧，分别建有横向跨院——葡萄院和碾磨院，充分体现了西北高原窑洞民居随山就势、因地制宜的营建智慧（图75）。

4. 四进院

四进院在三进院基础上增加了后罩房，从而形成更大规模的宅院，由前院、中院、后院、后罩院四个纵向院落串联而成。所谓后罩房是四合院建筑中位于正房后面，并与正房相平行的一排房屋。北京四合院中的后罩房，多由家庭地位不高的女眷或者未出嫁的女子居住。能建起四进院落的，必定同时具备两个条件：一是家族人口众多，二是宅主财力

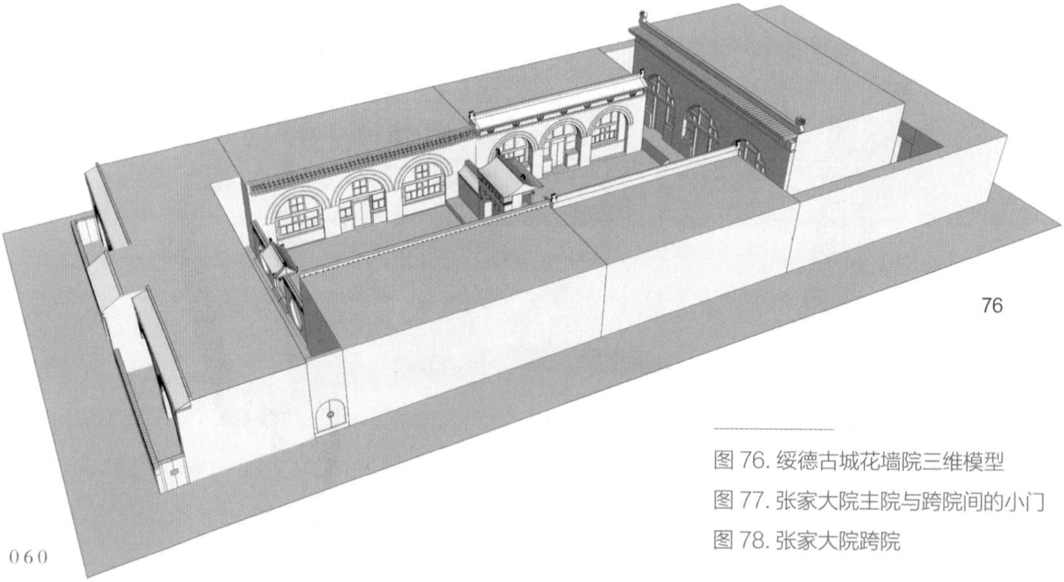

76

图76. 绥德古城花墙院三维模型

图77. 张家大院主院与跨院间的小门

图78. 张家大院跨院

雄厚。绥德古城花墙院建于清乾隆年间，坐东北向西南，是陕北古民居中稀有的四进大宅院。“大门—屏门（二门）—垂花门—主窑”形成宅院的中轴线。一进院落纵深很小，不到两米，供仆佣居住。北边围墙上开三个门洞，中央是屏门，两侧是月洞门。平时中间的屏门关闭，人们由两侧月洞门进出院落。南边是四孔倒座窑及大门。二进院落内，北边仍是围墙，中央设砖拱垂花门，东、西两侧均为三孔厢窑。三进院落是宅院主人生活起居之所，北边三孔正窑位于高高的台基之上，东、西两侧为三孔厢窑，与南边的垂花门、围墙围合成四合院。经位于正窑两侧的小门，过正窑两侧通道，进入第四进院落—后罩院。后罩院纵深很小，北边一排四孔窑分别为男女厕所和库房（图76）。

（二）横向结构

陕北古民居中，一些大型四合院，不但纵向串联，形成多进院落，同时横向发展，形成跨院。跨院，是在主体院落的两侧所设置的院落，一般有独立大门，多供仆佣居住，或用作厨房、仓库、马棚等附属用房。

77

78

跨院相对独立，但与正院之间有门连通。府谷瓷窑沟的张家大院，主院是三进大宅院，其北侧，有一个狭长的跨院，正面的一孔正窑，供仆佣居住，侧面则布置着伙房、仓库、马棚和厕所等，既有独立大门，又有小门与正院相连（图 77、78）。

综上，受位置、地形、家族人口、财力等因素影响，陕北古民居的宅院结构布局灵活，千变万化，在纵向串联基础上，也横向发展，形成富有地方特色的高原民居形式。在一块选定的基址上，如何根据功能需求，有序、合理地分区和组织交通，不是一件容易的事情。而在陕北古民居中，我们却可以处处领略到营建的智慧。中国的大宅院是用院落来组织空间的，以便于满足人们饮食起居、读书、议事、接待、娱乐、存储、晾晒、粮食加工及喂养牲畜等生产生活的基本功能需求。米脂姜氏庄园是陕北最大的地主窑洞大院，院落结构十分复杂，却又十分典型。一进院落为“下院”，主要为仆佣居住兼有私塾功能；二进院落为“中院”，相当于客厅，同时是庄园对外的公共空间，东、西跨院依山就势分别设碾磨院和葡萄院，使大院功能更加完善；三进院落为“上院”，为主人、子女及近亲居住的生活空间。正窑东西两侧还有套院，分别为厨院和仓院，是完成备餐及就餐活动的场所。上院内功能完备、生活便捷，甚至还有专供老爷、少爷吸食鸦片的烟窑。可以足不出户，通过巧妙设置的传唤口对整个庄园发号施令，还可以通过暗道使三院内部相通相连。米脂常氏庄园在借鉴姜氏庄园的基础上，根据场地条件和功能需求进行了空间重组，形成中轴对称的两进院落，结构更为紧凑。一进院落内置有倒座客房、畜院、磨院、佣人窑等，是庄园生产活动及对外社交场所；二进院落为主人、子女及近亲生活场所，厨窑、仓窑、厕所等一应俱全。以上列举米脂姜氏庄园、常氏庄园的院落结构，反映了陕北典型窑洞庄园在空间布局上的智慧，向世人生动地描绘了一幅清代地主阶级的生活图景。

（一）石作

石材建筑是陕北的一大建筑特色。陕北境内沟壑纵横，河流众多，人们在河岸边就近取材，使石材成为陕北古民居的主要建筑材料。与晋商大院以砖瓦材料为主修建不同，陕北古民居中，石材用量明显增多，一些大宅院几乎全部采用

图 79. 重庆堂大门
图 80. 重庆堂入口坡道
图 81. 重庆堂外院
图 82. 重庆堂垂花门及围墙
图 83. 重庆堂内院

79

80

81

82

83

石材来建造，而将砖瓦的用量缩减至最低。杨家沟重庆堂，建于清同治年间，是一个占地一千多平方米的两进院落。整个宅院只有内院的矮围墙和垂花门屋顶用了少量的砖和瓦，其余建筑结构，包括大门、二门、寨墙、窑洞、女儿墙、窑檐则全部用块石、片石、条石或石板构建而成，反映了当时陕北窑洞大宅院中的石作技艺已十分成熟（图 79 ~ 83）。

陕北的古建大门遗存丰富，其中有一类石作大门，地域特色鲜明。其山墙全部用石材砌筑，屋顶也用石板铺设，只在屋脊处用雕花脊砖和鸱吻进行装饰，因此砖瓦的用量极少。外檐柱间额枋、斗栱、雀替和门簪的雕刻及彩画装饰精致，檐柱下的柱础石和门框下的门礅石石雕艺术精湛，山墙朝外的两块石板上刻写着对联，对仗工整、平仄协调、人文内涵丰

富。这种大门虽由石作，但装饰等级很高，因此显得十分精致、漂亮（图84）。还有一些石筑的房屋，也很有地域特色。在这些房屋上，可以看到各种石材，在两侧山墙朝外的一端，用长条石板封边，只是表面不再刻写对联。

（二）砖作

陕北古民居中使用最多的砖是青砖，也有少量土坯砖。土坯砖是生砖，是没有经过高温烧制的砖。将生土砖放入砖窑高温烧制以后，形成的青灰色砖，则称为“青砖”。砖主要用来砌筑墙体。最常见的砌筑方法是将砖

图 84. 石作大门
图 85. 佳县张家大院空斗墙

85

平放，层层叠加。明清时期的陕北，与石材相比，砖的成本较高，因此，建筑中常有各种省砖的做法，体现了陕北人民的智慧。中国传统房屋为木结构体系，墙体不承重，仅作为隔墙而存在，因此人们在砌墙时，多将砖竖立，从而形成空心墙体，称“空斗墙”。这种砌法既节省砖材又减轻了墙体自重，同时使得墙体外立面具有肌理变化（图 85）。为了节省砖材，陕北还有“表砖”和“夹生”的墙体结构。“表砖”是指表层为青砖，而内里为石头的砌筑方法；“夹生”则指青砖里面用生土砖砌筑。在陕北，石材易得，是首选的建筑材料，而生土砖因成本低，保温性能好，也受到人们青睐，但生土砖墙体极易受雨水侵蚀而毁塌（图 86 ~ 88）。府谷的古民居墙体，还有一种以砖做骨架，填充碎石的做法。即只用青砖砌筑窗洞及墙体四周边框，而里面则用碎石填充。为求整洁细腻，表面用黄泥抹面将碎石遮盖，从而形成一种独特的建筑外观（图 89）。

比青砖更讲究的是水磨砖，也常出现在陕北古民居大院中。水磨砖在用料、烧制和砌造方法上都与普通青砖不同。用来做水磨砖的泥土要特别细腻，进窑烧制的时间要更长，出窑后还需要严格筛选，选出质地坚实、周身细密无空隙、方正的砖。在砌墙时，朝外的一面还要打磨光洁，

图 86.“表砖”墙体
图 87.“夹生”墙体
图 88. 被雨水侵蚀的土坯砖墙体

86

87

88

图 89. 用碎石填充的墙体

图 90. 水磨砖影壁

图 91. 水磨砖大门

四周平直，砖与砖之间不留缝隙，紧密相连，这一项工艺被称为“磨砖对缝”。一些高等级的地主庄园和窑洞大院的大门、围墙、影壁等墙面平整光滑、砖缝细密，就是因为修建时使用了磨砖对缝的精细制作工艺（图90、91）。

III

陕北古民居的建筑装饰

大宅院中的吉祥氛围
儒、佛、道与建筑装饰
脊顶瓦饰
砖雕艺术
木雕彩画
门头匾额
石雕艺术
影壁装饰
门格窗棂
大门装饰

装饰是建筑精神内涵的重要表现手段，含有丰富的人文元素，表现出宅主对福、禄、寿、喜的人生祈望。古民居的脊顶瓦饰、坯砖花墙、木构梁柱、门格窗棂、匾额题字以及三雕艺术等，都饱含着对家道平安、子孙发达、万事兴旺的祝福，增添了传统建筑的艺术表现力。在陕北古民居中，大到屋檐、影壁、墀头、门礅石、门窗、女儿墙，小到博风板、山花、门板包叶、柱础、悬鱼和排水口等建筑构件，甚至连铺地石板的大小、铺地方式往往都被赋予了象征意义，表达宅院主人对后世生活的美好期盼。图必有意，意必吉祥。宅院的装饰图案以特定的内容，表达着宅主对福寿康宁的追求。建筑色彩也是装饰的重要手段，从遗存的古民居大门上，能看到油漆彩画的色彩是以蓝、绿二色为主色，间以红色、黄色等，是北方民居常用的彩画配色。

壹

大宅院中的吉祥氛围

一个黎民百姓“甘其食，美其服，安其居，乐其俗”的社会，是一个理想的社会，让宅院充满吉祥喜庆氛围，是表现积极人生观的建筑文化。宅院的建筑装饰，尽显民间吉庆祥和的气氛，表达了人们对美好生活的憧憬和不息的生命追求。宅主将吉祥文字、吉祥动物、吉祥花卉雕绘在屋宇之间，营造和添加喜庆的气氛，对调整人的心态、陶冶人的情操，都有益处。福寿等吉祥文字，在陕北古民居中变化颇多，用于家具，用于建筑，美观适用，简单易行。寿字变形巧妙，用于墀头砖雕、梁枋木雕、门礅石雕以及窗棂格子，既是愿望，也是祈福。米脂姜氏庄园内，将寿字变化成具有装饰感的门格窗棂；清涧白家大院，寿字成为墀头砖雕图案；杨家沟依仁堂，寿字出现在木雕图案中；米脂窑洞古城民居，寿字用于门礅石；神木白家大院，寿字藏在门扇角花装饰上……陕北人的建筑上，大量用寿字来装饰，可见其对长寿的不懈追求，也有用象征长寿的桃、松、鹤、猫蝶组合来表达长寿愿望的（图 1、2）。福字图案化的变形有限，因“蝠”与“福”同音，民间更多使用蝙蝠的形象来表达愿望。蝙蝠在民间很受人们的喜爱，五只蝙蝠围着一个寿字，组成“五福捧寿”图案，被广泛应用在不同建筑结构上（图 3、4）。喜字常用双喜，两字相并，喜上加喜。子洲的一处古民居，将寿、囍二字嵌入女儿墙中，宣扬着宅主的人生追求（图 5）。

1

图 1.“寿”字装饰

图 2.“长寿”寓意的图案

图 3.“蝙蝠”图案

图 4.“ 福”字装饰

图 5.“囍”字装饰

2

3

4

5

图 6. 龙纹雀替

图 7. 凤纹雀替

图 8. 姜氏庄园门上的“凤外龙内”雀替

中国传统四大吉祥兽为：龙、凤、龟和麒麟。除龟以外，其他三种均是人们想象出来的。龙是兴云雨、利万物的神异动物，凤是天下太平的象征。龙、凤很早就是中华民族的图腾，秦汉一统以后，龙逐渐与皇帝一体化，龙的政治文化地位跃升，龙凤相配的阴阳观念与文化象征形成。汉代之后，凤成了皇后的专属形象。随着龙凤地位的提高，其形象的使用进一步受到限制，特别是宋元之后，龙纹逐渐为帝王所独占，平民百姓不得滥用，这是统治阶级维护帝王权威的政治手段。明代统治阶级对龙纹的使用有极严格的限制，文武百官的朝服，不准使用玄、黄、紫三色，不准使用龙纹，违者罪及染造之人。明清两朝皇帝均明确规定，龙只能

用在皇家建筑之上，比如皇家的宫殿、宗庙、陵墓、园林等，其他地方一律不得使用。但由于龙、凤图腾早已深入民间，此禁令除了在京城及近郊有效外，在其他地方并没有很好的贯彻。龙凤装饰在陕北古民居中比比皆是，造型丰富，表达着人们追求荣华富贵和吉祥如意的美好愿望。其中应用最为精彩的，当数大门上的木雕雀替（图 6、7）。雀替是大门横枋与立柱间的长条形替木，多趋近三角形，表面雕饰题材十分丰富。根据所处位置的不同，大门雀替有内、外之分。建于清同治年间的姜氏庄园，其下院与上院的大门上，外用凤纹、内用龙纹作装饰，是清朝末年慈禧太后主政，政治上的龙凤异位在建筑上的表现（图 8）。龙凤纹样还广泛应用于陕北古民居的砖雕及石雕上（图 9、10）。“狮子耍绣球，

图 9. 龙凤砖雕

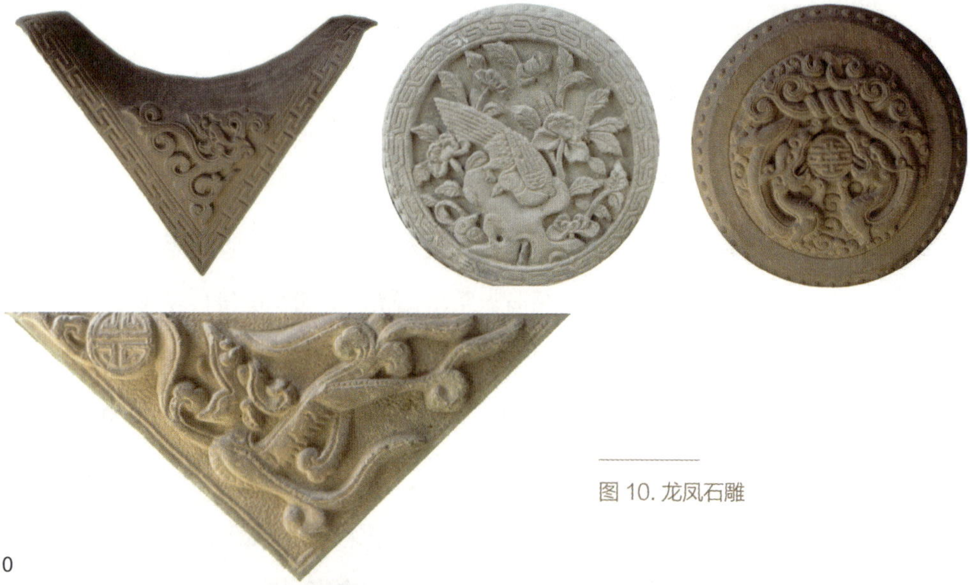

图 10. 龙凤石雕

10

好事在后头”，陕北人对石狮子情有独钟，在其形象表达上也自信满满，信手拈来（图 11）。龟有长寿的寓意，在门格窗棂、廊心墙处最为多见（图 12）。绥德党氏庄园一处古民居内的影壁上，以象征长寿的龟背纹作底，中间以福禄寿三星相嵌，将福、禄、寿三种美好期盼统统融入家宅之中（图 13）。麒麟为仁兽，是吉祥的象征，能带来子嗣，陕北古民居中戗檐板、门礅石、须弥座上常用“麒麟吐玉书”“麒麟送子”的图案，寓意后世子嗣兴旺（图 14）。除此之外，古民居中常见的吉祥动物还有金鸡、喜鹊、鱼、鹿、鹤、金猴、象、鹌鹑等（图 15）。

植物纹样是吉祥装饰纹样的重要组成部分。梅因开百花之先，独天下而春，被民间视作传春报喜的吉祥象征；松因常青不老，在传统装饰

图 11. 造型各异的石雕狮子

图 12. 龟背纹窗格

图 13. 福禄寿影壁

图 14. 麒麟图案

11

12

14

13

15

图 15. 吉祥动物图案

中是长寿的代表；水仙开花于新春佳节之际，被视为新岁之瑞兆，是吉祥之花；因“佛”与“福”、“手”与“寿”谐音，所以佛手有祈福、增寿的寓意；带着枝叶的桃，寓意着长寿；石榴、葡萄、莲蓬有丰实的果实，表达着多子、多孙的象征意义；瓶子插入四季花，谐音是四季平安；还有竹、牡丹、灵芝、蔓草等都有着特定的吉祥寓意（图 16）。丰富多彩的吉祥植物纹样，反映了普通百姓在生活中始终不懈地追求多子多福、长寿吉祥、福星高照、人生如意的美好愿望。

16

图 16. 植物纹样

贰

儒、佛、道与建筑装饰

中国传统文化儒、佛、道中，儒家尊崇进取，佛家多讲奉献，道家尊崇规律。三种文化在发展过程中相互渗透、相互融合。现存的陕北古民居中，既可以看到宅院主人信奉的儒家信条，同时，又可以看到许多与佛、道文化相关的建筑装饰。陕北虽然地处多民族交汇地区，建筑上却总体继承了中原传统文化：体现着传统的伦理道德和礼俗礼制，提倡中庸之道和敬业修身、仁义道德。儒、佛、道三家思想反映在传统建筑中，表现在带有浓厚道德说教性质的装饰及构件上，它们潜移默化地教化着进出宅院的人们。“仁”是儒家学说的核心伦理思想，包括孝（义）、诚（信）、弟（悌）、智（知）、忠、礼、勇、恕、廉、温、恭、宽、良、耻、让、敏、惠等内容。陕北古民居建筑装饰中有大量的纹饰，承载着儒家的人生理想和文化信息。荷花“出淤泥而不染，质脆而能穿坚”，蕴含着儒家丰富的人生哲理；琴、棋、书、画是文人的追求，出现在建筑装饰之上，符合儒家主张耕读，求取功名的意识；梅、兰、竹、菊是花中四君子，是文人借物喻志的象征……须弥座来源于佛教造像的基座，在陕北古民居中广泛应用于影壁、门礅和墀头上，莲瓣纹是佛教文化影响下流行的纹饰，建筑装饰上多有应用。道教八仙铁拐李、汉钟离、张果老、吕洞宾、何仙姑、蓝采和、韩湘子、曹国舅及具有象征意义的八种法器，以多种组合形式出现在建筑装饰中，是道教文化的表达。将儒家格言、佛家八宝、道家八仙刻写在门头匾额之上，雕饰于屋宇宅院之中，将戏剧场面、神话故事雕刻成一个个精彩的场景，这些都是传统文化在陕北古民居中的彰显。

叁 脊顶瓦饰

（一）屋脊装饰

双坡屋顶上，前后两坡面相交而产生的屋脊，与房屋正面平行的称为“正脊”，与之相垂直的屋脊称为“垂脊”。

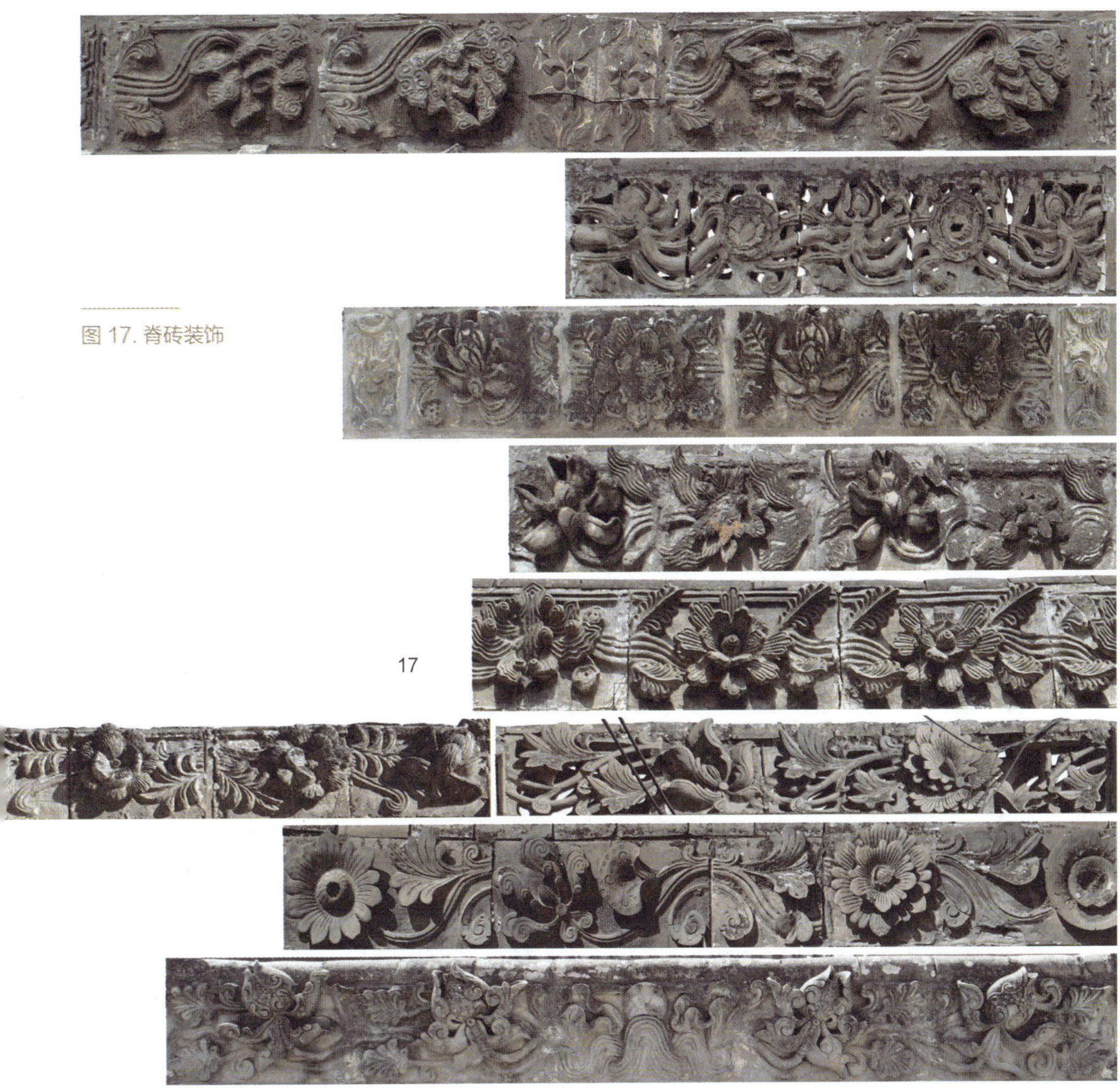

图 17. 脊砖装饰

18

陕北古民居的屋脊上，多用花砖做装饰。这些花砖是先在一块块的泥坯上雕出花纹，然后进窑烧制而成。花砖左右相连，在屋脊上拼成带状装饰。脊砖上最常见的雕刻图案是由各种莲花、菊花及枝叶构成（图 17），但也有特殊纹样。佳县康家港沙坪上村在黄河古驿道上，是驼队、骡马队的必经之路，地理位置显要，明清时期十分繁荣，古民居、古驿站和店铺林立。村内著名的“李家七户”，其大门和正窑的屋脊上，采用了一种装饰性极强的草龙纹样，为陕北独有（图 18）。讲究的屋脊，除了脊

图 18. 草龙纹脊砖

图 19. 神木白家大院大门正脊

图 20. 杨家沟某大门正脊

图 21. 高家庄高家大院大门正脊

图 22. 大会坪某正窑屋脊

19

21

20

22

砖形成的带状装饰以外，还常常在其上面或下面增加装饰。神木老城白家大院大门屋脊上，在脊砖下方采用了一排瓦头装饰，一个个瓦头凸出在外，有很强的装饰效果（图 19）。杨家沟一处大门屋脊上，这样的瓦头装饰部分被如意头取代（图 20）。吴堡高家庄高家大院的大门屋脊，自上而下共三层装饰，分别为雕花脊砖、几何纹方砖和如意瓦头。屋脊正中最高处还设置了镇宅石狮，这是陕北地区装饰最为隆重的正脊了（图 21）。受“以中为上”的传统观念影响，正脊的脊砖尺寸要大于垂脊的脊砖，以体现主次秩序。同时，正脊多采用圆雕或高浮雕技法，从而使花朵图案饱满、立体，而垂脊则多采用中浮雕或浅浮雕技法，工艺难度降低。受建筑等级制影响，在讲究的宅院中，一字排开的数孔窑洞因位置不同，从而导致对应的窑顶屋脊装饰也不相同。佳县大会坪一处古民居中，一排正窑上的雕花屋脊上，最中间的主窑对应的脊砖采用了高浮雕花饰，其等级规格明显高于两侧窑洞上的浅浮雕花饰脊砖（图 22）。作为古民居的门面，陕北人对大门屋脊的装饰非常重视。

正脊两端龙形的鸱吻叫正吻。建筑上正吻的起源最早可以追溯到汉代的陶楼和战国时期的铜鉴。汉代的陶楼，正吻只是几何形体，没有太多含义。而战国时期铜鉴上的正吻，已出现了凤鸟的形象。彼时，鸟是人们心目中的图腾形象，人们将凤鸟置于高高的屋脊之上，以供敬仰和崇拜。古代，木结构建筑易被雷电击中而引发火灾，因对自然认识不足，人们恐惧之余，逐渐崇拜一种想象中的“龙首鱼身”的鱼虬，其“尾似鸱，激浪即降雨，遂作其象于屋，以压火祥”（见《营造法式》第二卷《总

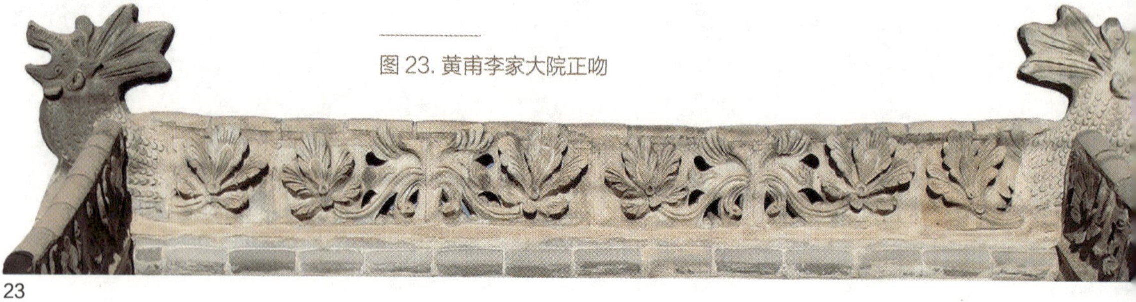

图 23. 黄甫李家大院正吻

释·鸱尾》)，它可以喷浪降雨、驱灾避火，后逐渐发展成鸱吻的形象。北京紫禁城诸大殿中的正吻，是明清最正统的正吻，它是“龙头张嘴吞脊，龙尾向内翻卷，外缘有鱼鳍，整体形状较方正”的形象。正吻并非完整的龙体形象，因此封建朝廷并没有限制其在民间的使用。南北各地的正吻因此发展出了丰富的形象，以它的神功威力护佑着神州大地的一幢幢建筑。陕北古民居的正吻有多种形象，最为常见的是背对正脊、龙头高仰、凌空眺望状造型。这些正吻，大部分为闭口状，规格较高的宅院，则采用张口兽的造型（图 23）。垂脊的形式与做法与正脊相同，垂兽的造型则多与正吻相同，只是尺寸减小。

窑洞是平顶建筑，但为了保护窑脸免于雨水侵袭，往往在窑顶架设屋檐，其上筒瓦铺顶，形成深浅不一的单坡屋顶。这种屋顶的屋脊也多采用花砖来进行装饰（图 24）。但由于窑洞建筑的特殊性，窑洞的平顶往往是可以上人的，有时甚至是人、畜行走的道路，为了防止人畜不

图 24. 窑洞的屋脊

图 25. 砖砌花格女儿墙

26

27

28

图 26. 党氏庄园古民居屋脊

图 27. 杨家沟依仁堂屋顶

图 28. 吴堡古民居

慎从窑顶坠落，低矮的花砖屋脊起不到有效围护的作用，因此，还常采用青砖垒砌成花格女儿墙的结构（图 25）。为了兼具装饰性和功能性，有的窑洞干脆在屋顶设置双层装饰，前一层为花砖，两侧置兽头；后一层则为砖砌花格（图 26）。还有的将花砖与女儿墙合二为一，形成上为花砖装饰，下为砖砌花格的屋顶式样，体现了陕北工匠的灵巧多变（图 27）。虽然窑洞是生土建筑，对防火的要求不高，但是正脊的两端也多置正吻进行装饰，体现了窑洞建筑对中原传统屋脊样式的传承（图 28）。

（二）屋面装饰

自西周时期开始用瓦作屋面后，中国的房屋屋面逐渐出现了青瓦和琉璃瓦两种建筑材料。青瓦是由泥土烧制而成，因呈青灰色，故得名。琉璃瓦是在泥坯表面涂以不同成分的釉料，进窑高温烧制以后，所形成

29

图 29. 两种屋面铺设　图 31. 滴水
图 30. 瓦当　图 32. 神木白家大院屋面

的表面光滑，呈现红、黄、绿、蓝、白、黑等不同颜色的瓦。琉璃瓦多使用在皇宫、孔庙、文庙等高等级建筑中，北京紫禁城宫殿是使用琉璃瓦最多最集中的地方。民居则多采用青瓦铺顶。瓦有半圆筒形的“筒瓦”和扁平弧形的“板瓦”两种造型。屋面的铺设有三种方法，一种是“筒瓦屋顶”，即板瓦仰面朝上成行铺设，两行间稍留空隙，用筒瓦覆盖。第二种是“合瓦屋顶”，是在仰面朝上的两行板瓦上，再用板瓦朝下覆盖。第三种为“平搓瓦屋顶”，是朝上成行铺设的板瓦间，不留缝隙，接缝处用泥灰填实以防止漏水，这种做法省瓦、屋面重量轻，多用在气候干燥区。陕北古民居的屋面上三种铺设方法都有，最为讲究的当数筒瓦屋顶（图 29）。

屋檐处的筒瓦，为了便于排水，不但将瓦头挑伸在外，而且还做成封闭状，其上装饰动物、植物纹样，称为“瓦当”。留存至今最早的是周代瓦当，说明古代人们已经将檐口部位的瓦头作为重要的装饰部位了。陕北古民居中瓦当多为圆形，图案以兽面纹为主（图 30）。檐口处的仰瓦顶端，附有一块向下的瓦头，称为“滴水”，它是集功能性与装饰性为一体的建筑构件，上平下尖，有的接近扁三角形，有的是如意曲线形，中心多有花卉或植物装饰（图 31）。为了防止檐口瓦片坠落，需要用瓦钉将其固定在下面檩椽之上，然后用钉帽扣上，防止雨水进入。这一排排规律整齐的瓦垄、瓦钉、瓦当、滴水，展现着装饰性很强的形式之美。由于冬季寒冷，陕北古民居宅内多采用火炕取暖，窑顶或房顶的烟囱成为必不可少的装置，这些烟囱有的经过特别设计，形成四方小亭子，也成为屋顶的一处装饰（图 32）。

（三）博风板与山花

传统木结构建筑中，为了防止屋顶的檩木受风吹日晒雨淋而遭损坏，需要对其进行保护。讲究的房屋，则在这些檩木头上钉一长条木板，把檩木封在板内，这块木板则称为“博风板”。因此，博风板是和房屋檩木相关联的一种构件。两面坡的屋顶，形成“人”字形博风板。最上端的接缝处多钉有一条木板，名为“悬鱼”。《营造法式》对博风板和悬鱼的尺寸、样式有明确的规定，根据建筑的大小，博风板上的悬鱼长三尺至一丈，形式为花瓣纹或者云纹。陕北房屋上的悬鱼，绝大多数皆非鱼形，而是造型修长的几何形体。窑洞建筑前挑出的单坡形屋檐两侧，形成的短博风板上，也有各种悬鱼装饰（图 33）。其实，很多硬山顶木梁架的檩木被封在山墙以内，并不需要博风板这一构件，它只是作为一种装饰，被保留下来了。除了悬鱼之外，对博风板本身也有装饰性的加工，主要体现在两个端头，叫“博风头”。博风头上有曲线形、花瓣形装饰，复杂的有龙头雕刻。一副保护檩木头的博风板，有了垂鱼、博风头这些

33

34

36

图 33. 悬鱼与博风头
图 34. 龙头博风头
图 35. 排山沟滴
图 36. 米脂姜氏庄园山墙顶
图 37. 黄甫孙家楼山墙顶

35

37

装饰，变得十分有情趣。还有一些建筑上这种博风板改由砖做了，更经久耐用。像木博风板一样，砖博风板的两端也有装饰，有几何纹样的图案，也有植物枝叶形图案，最讲究的是龙头装饰（图 34）。在博风板和屋顶垂脊之间有一排瓦当与滴水，它们并没有实际的排水作用，而仅仅是装饰，称为“排山沟滴”。排山沟滴的每一块瓦头上都有雕刻，成为硬山山墙上一道显眼的装饰带（图 35）。

在陕北古民居中一些房屋的山墙上，看到在博风板的位置，不用薄砖拼成博风板，用的是几道突出墙面的线角，线角中几条砖花，与山墙顶上一块植物卷草砖雕，将山墙装饰得也很显眼（图 36、37）。

（一）墀头

中国传统院落内，房屋两端的墙称为山墙，因建筑正面多开门窗，工匠则往往会对两侧山墙进行重点装饰。山墙伸出檐柱之外的部分，称为墀头，虽然面积不大，但因位置突出，成为重点装饰部位。墀头可以分为三部分：下为下碱，中为上身，上为盘头（图 38）。陕北古民居中的房屋墙体，除了北方常见的砖墙之外，还有一种陕北地方做法——石墙。两种墙体类型，墀头的装饰不同。

拿砖砌山墙来说。下碱为山墙的基座，多用砖或石砌筑，不加装饰，上身则为青砖砌造。按清式做法，盘头为两段式：下段用砖层层挑出，上段斜置砖板，称为“戗檐板”，其上雕刻人物、动物、植物或器物画面，并与屋檐下的连檐木相接（图39）。很多山墙墀头的装饰不局限于盘头部分，而是向下延伸。最常见的形式是在盘头之下，有一段须弥座装饰。须弥座由佛座演变而来，随着佛教传入中国，很长时期内，它曾是宫殿、寺观等尊贵建筑的专用基座，明清时期流传至民间后，得到广泛应用。清式须弥座自下而上主要有：圭角、下枋、下枭、束腰、上枭、上枋等部分（图40）。山墙上的须弥

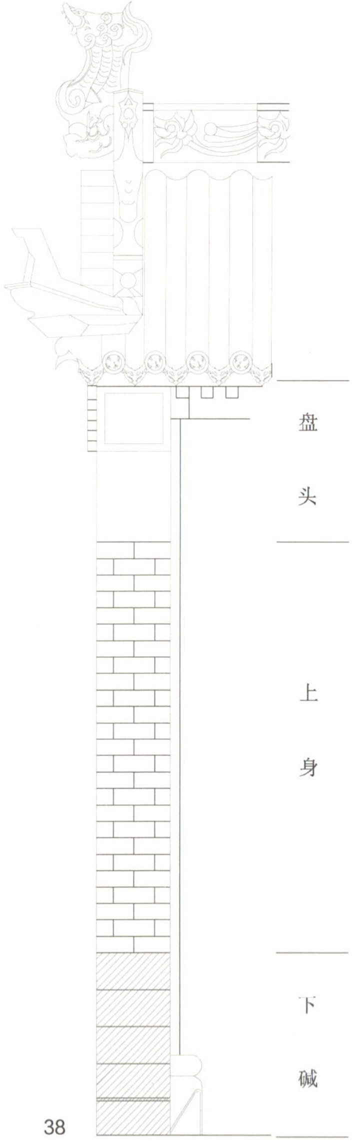

座结构主要为上枋、下枋以及中间的束腰部分，雕饰多集中在束腰上，有植物、动物、花草、文房四宝等图案。复杂些的墀头须弥座将束腰做得比较高，顶上还做出翘角屋檐，形成一个亭子造型。在增大的束腰上，则分别雕饰图案，有神话传说、飞禽走兽、植物花草等，运用线雕、高浮雕、圆雕等技法，将墀头打扮得十分漂亮。有的须弥座还在束腰的转角处设置角柱，称为“金刚柱”。更讲究的，还将须弥座的上下枋也做成工字

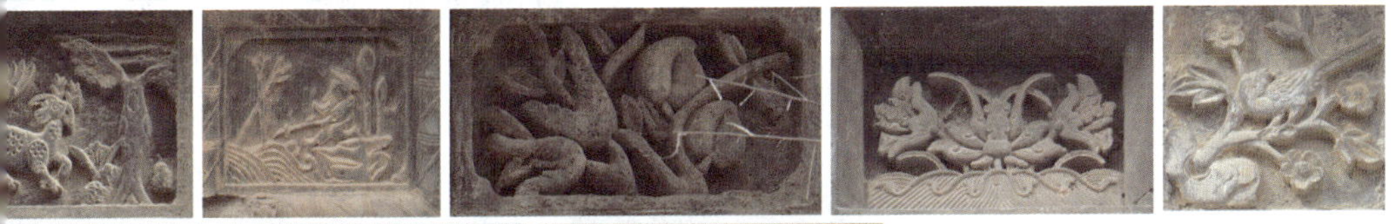

图 38. 大门墀头结构
图 39. 戗檐板
图 40. 清式须弥座构造

41

42

图 41. 墀头上的须弥座

图 42. 赵庄张家大院墀头上的须弥座

图 43. 各种山墙墀头

型的小须弥座，表面有连续的花草、云纹、如意纹等雕饰。大门作为宅院的门面，其墀头上的须弥座雕艺精湛，工艺讲究，十分精美（图 41）。榆阳区赵庄张家大院大门墀头上的须弥座，雕饰图案采用了圆雕与浮雕相结合的技法，猛虎似从墙上扑面而来，令进出宅院的人们感受到威严的气

43

44

45

势。束腰上的金刚柱，变形为灯笼串的造型，形态圆润饱满，表达了团圆美好的吉祥寓意（图 42）。通过多变的装饰组合，陕北古民居在砖砌的山墙墀头上呈现出丰富多彩的样貌。它集中展示了陕北工匠精雕细琢的装饰技能，体现了陕北人民的审美趣味（图 43）。

再来看石筑山墙的墀头，它无论是下碱、上身还是盘头，全部由石材构成。下碱为石筑基座，一般无装饰。上身是装饰的重点部位。它内部用薄石板竖插砌成墙体，然后左、右表面抹黄泥，形成光滑的墙面，而朝前的表面则用长条石板封边，有的还刻写对联（图 44）。上面的盘头部分，简单的以石板贴面，没有装饰，而复杂的则采用石材仿砖砌筑，墀头上有石雕须弥座、石雕戗檐板等结构，其上雕刻精美（图 45）。

（二）廊心墙

有檐廊的房屋，山墙内侧檐柱与门框之间的部分称为“廊心墙”，

46

图 44. 艾家沟某石筑大门

图 45. 墀头石雕

图 46. 廊心墙样式

图 47. 廊心墙上的须弥座

47

是墀头里侧的延伸部分，也是传统工匠发挥创意的地方。廊心墙多以长方形为边框，内侧用带有纹样或肌理的薄砖贴面。简单的廊心墙为长方形边框，内用方砖斜砌，磨砖对缝，表面平整，具有一种简洁的形式美；复杂的用几何砖拼砌成六角形龟背纹，或为平面，或为高低起伏的凸凹面，既具有规整的形式美，又蕴含长寿的寓意；有时还在廊心的边框、四角和中心加砖雕装饰，常用竹节纹、云纹、植物、福禄寿喜四神纹表现出一定的人文内涵（图46）。还有的在廊心墙上也采用须弥座的形式，除了长方形廊心以外，上、下再分别进一步装饰，表现了本地工匠艺术创作的热情（图47）。

（三）墙上砖雕

为了建筑正面的美观，除门窗以外的大面积砖墙，也成为重要的装饰部位。墙上砖雕是指用一层带有雕刻的薄砖，嵌附在房屋正面而进行的装饰。墙上端的檐口之下，因位置显著，从装饰内容到技法都比较讲究。通常的做法，是在砖墙顶檐部分形成带状装饰，或者用雕刻有回纹、万字纹的砖横向连成条状，还有的用长条砖拼成梁枋，并用垂柱均匀分隔，上面附有砖雕，内容多为花草、回纹、蝙蝠、文字等。这些由带有雕刻纹样的贴面砖构成的装饰，除了增添房屋的形象美之外，也表达了房屋主人的人生理念与情趣。

府谷郝氏庄园是一座两进式大宅院，内院正窑墙上，用方砖仿照木结构的式样，拼出椽子、檩木、斗栱、额枋和垂柱等，形成砖仿木的结构。额枋上的雕刻花卉，柱枋间的雕花方砖，斗栱间的各种植物、动物、器物砖雕，以及垂柱下的砖雕垂莲，形成了檐口大面积的墙上砖雕装饰，将整个建筑打扮得十分华丽（图48）。大门的外墙檐口下，用砖

图 48. 郝氏庄园墙上砖雕

图 49. 郝氏庄园大门

砌造出成排的椽子、斗栱、梁枋和垂柱，也全部是砖仿木的结构。条带状的砖雕装饰点缀着大片素平的砖墙，使整个建筑充满了生气（图49）。

伍

木雕彩画

中国古代建筑与西方古代建筑相比，最独特的便是木结构的房屋体系。虽然陕北古民居以窑洞建筑为主，但是也不缺乏木结构建筑。这些木结构梁架，不仅具有物质功能，同时具有美的艺术形式。为了论述方便，下面对文中所涉及的木构件名称做简略说明（图 50）。

柱子：它是直立于地面，将屋顶、屋架重量传递至地面的结构部件。中国传统的木结构建筑，正是因为柱子承重而墙体不承重，因此形成“墙倒屋不塌”的结构特征。

梁枋：是架在立柱上面的构件，为了形成中式坡屋顶，

图 50. 木结构名称

常将梁枋纵向多层叠加。在梁枋构件之间，常用坨墩、斗栱等小型构件来传递荷载。按清代木结构的命名，梁是沿着房屋进深方向放置的，枋是沿着房屋的正立面方向放置的，但有时又不做严格区分，统称为梁枋。梁起承重作用，枋起横向连接作用。

柁墩：位于上下两层梁枋之间，能将上层重量传至下层的垫托构件，大多情况下，柁墩的高度小于宽度。

椽子：用于承托屋顶望板、泥和瓦的结构部件，有圆椽和方椽两种造型。

檩木：檩是承接屋顶的椽子，用于承托屋顶重量。根据所处位置不同，名称相异。屋脊处的檩木称“脊檩”，屋檐处的檩木称“檐檩”，位于两者之间的称“金檩”。

斗栱：是由方形的斗和拱形的栱组合而成的结构，是中国古代木结构建筑最具代表性的一种构件，常位于屋檐下的梁枋之间。主要作用有二：一是层层挑出屋檐，二是向下传递荷载。

雀替：是位于柱和梁枋相交处的构件，它减小了梁枋的跨度、削弱了梁枋相交处的剪力，还能防止立柱和横梁垂直相交的倾斜变形，是一个具有功能性的结构部件。

在陕北古民居中，以上木构件常以组合的方式出现，面积大，位置显著，因此是古代工匠花大力气进行美化和加工之地。精湛的木雕技艺、丰富的表现题材、讲究的色彩搭配，代表着陕北工匠在木雕和彩画方面的最高成就。

（一）垂花柱

木结构建筑中，柱和梁枋是最重要的建筑构件。柱子支撑着屋顶

图 51. 姜氏庄园垂花门
图 52. 张家大院大门

所有的重量，而梁枋构成屋顶。陕北古民居中，无论是窑洞前的穿廊抱厦，还是砖木结构的建筑，它们的立柱，都仅仅为结构部件，不做过多装饰。但有一类柱子比较特殊，它不是立于地面承受重量，而是悬于空中，称为“垂柱”。垂柱是垂花门的一个特有的结构。因为是半截柱子悬垂，垂柱下端的截面不美观，因此工匠往往多在此处进行雕饰，形成“垂花”柱头。北京四合院、晋商大院以及南方民居建筑中，垂花被雕刻为莲花、宫灯和花灯等，形成四方、八角、花盆等丰富多彩的造型式样。由于陕北木材资源匮乏，大量的垂花门用砖来砌筑，只有极少数木结构垂花门遗存，所以木雕垂花的造型不甚丰富。米脂姜氏庄园内院垂花门的垂柱柱头上，雕刻着莲蓬，形态圆润饱满，蕴含着“多子多福”的吉祥寓意（图51）。佳县张家大院的大门上，在额枋与檐柱之间的垂柱柱头上采用了莲瓣的造型（图52）。

（二）额枋

额枋是架在檐柱上头的横木，其上表面与两柱顶端平齐。有些额枋有上下两层，大额枋在上，小额枋在下，在大额枋和小额枋之间有一层

垫板，称为“由额垫板”。额枋的最上面置“平板枋”。额枋表面多用彩绘来装饰，但也有用雕刻装饰的（图 53）。

（三）檐檩、檐垫板、柁墩和斗栱

檐檩是位于建筑正立面最高处的水平构件，截面多为圆形，其下多有一块垫板，称为“檐垫板”。檐垫板既有功能性，同时具有装饰性。柁墩和斗栱多被用在檩、枋之间，用于向下传递荷载。因斗栱比柁墩的

图 53. 额枋

图 54. 柁墩与檐垫板

工艺复杂，因此，等级较高的建筑上多采用斗栱这一结构。

柁墩以矩形为基础，又拓展出丰富多样的造型。装饰图案有莲荷、牡丹、植物卷草、蝙蝠、祥云等，雕工细腻，造型精美。柁墩上面的檐垫板也常常雕刻成植物枝干或花叶的造型，形成一个漂亮的装饰带，与柁墩一起，将檩枋之间装饰得非常漂亮（图 54）。在檐檩与额枋之间，还有用斗栱来传递荷载的。

虽然在宋代《营造法式》与清代《工程做法则例》中，对斗栱的做法有详细说明，但地方建筑上的斗栱，在形式上并没有统一的规范。甚至一斗一栱的式样也可以不按宋式、清式标准来做。为了进一步美化斗

图 55. 斗栱装饰

图 56. 斗栱与花板

55

56

图 57. 斗栱与柁墩并存

图 58. 斗栱与柁墩融合

栱，有的在斗上进行雕刻，还有的在小斗前面附加一块花板，小小的花板上雕刻着花卉、喜鹊、鹿等造型，很有情趣（图 55）。工匠对斗栱两侧的空间也倾注了极大的装饰热情。在斗栱之间填充造型美观、寓意吉祥的传统图案，采用高超的透雕技艺，达到玲珑剔透的艺术效果，表面施以彩画，保护木结构的同时，又可起到画龙点睛的作用，与两侧斗栱一起，形成一个极为热烈、隆重的装饰组群（图 56）。

除了以上单独用柁墩或斗栱来传递屋顶荷载的形式之外，陕北古民居中斗栱的使用还出现一些创新的样式。佳县大会坪一户财主大院的大门上，在斗栱左右，同时采用柁墩来进行装饰，使斗栱和柁墩两种结构同时出现在檩、枋之间（图 57）。吴堡高家庄一户财主大院内，其大门内檐廊下的斗栱和柁墩已然不分彼此，

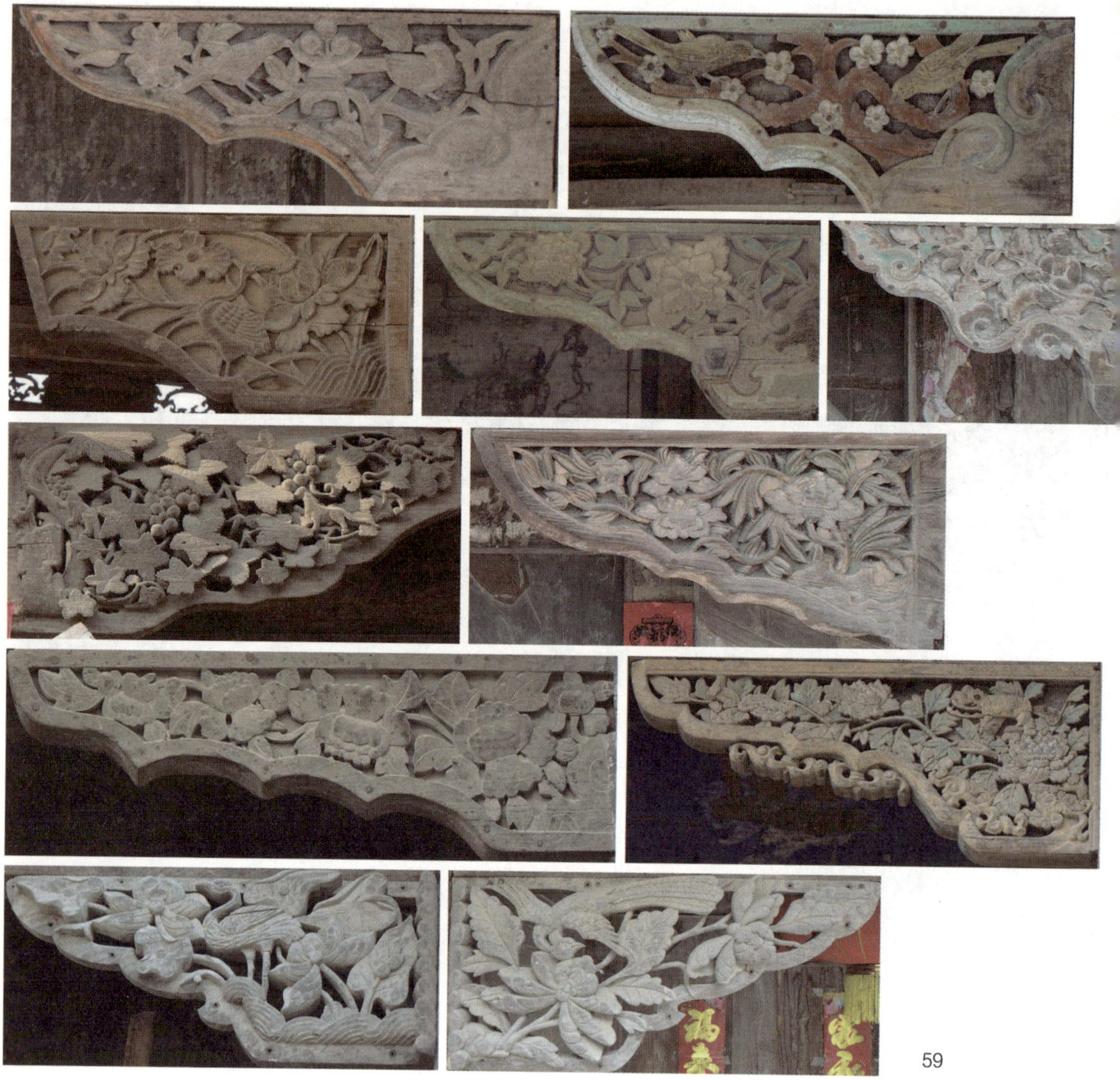

59

图 59. 精彩的雀替装饰

形成“你中有我，我中有你”的相互融合的创新形式（图 58）。可见，陕北工匠的创造力真是无穷无尽！

（四）雀替

雀替是立柱与额枋相交处的结构功能构件。在中国古建筑千年的发展历程中，雀替的基本形式也发生着演变，由最初的长条形替木，逐渐缩短，形成“略呈三角形”的造型，这是结构功能降低，而装饰功能增加的结果。同时，替木下加一支斗栱支托，形成上下两层构件逐渐变得很常见。明清时期建筑上雀替的使用很普遍。小小的雀替除了发挥其功能外，也是工匠们尽情发挥智慧和创造力的场所。陕北古民居中的雀

图 60. 龙凤雀替

替，有单层和双层两种形式，但一般仍在传统三角形边框的限制之内。雀替上的雕饰，不仅具有形式之美，还具有丰富的人文内涵。总体看来，雕刻内容以吉祥图案为最多，也有戏剧场景及人物故事内容。例如“凤戏牡丹”是民间婚恋的重要题材，表达夫妻恩爱，共创美好生活的吉祥寓意；“鼠食葡萄”有多子多孙的寓意；“荷花仙鹤”是祝愿生活和和美美的寓意。装饰技法上则多采用深浮雕、浅浮雕、透雕、圆雕等多种技法，使体积不大的雀替，具有很强的装饰表现力（图59）。另外，在考察中还发现，陕北古民居在雀替上尤其喜欢雕刻各种龙凤的图案，集中展示了陕北民间的龙凤图腾观念。可见，在“天高皇帝远”的边关地区，朝廷关于龙凤的装饰禁令，并没有得到严格执行（图60）。

61

62

图 61. 吴堡柳青故居大门骑马雀替

图 62. 佳县张家大院骑马雀替

63

图 63. 苗家大院

由于装饰的需要，原来扁平的三角形雀替逐渐加高、加长，甚至在一个开间中出现顶头相连的情况，形成“骑马雀替”。骑马雀替雕饰面积增大，表现内容更丰富。吴堡柳青故居大门檐廊下的雀替即为骑马雀替，其上描绘了一幅群狮抢绣球的热闹场面（图 61）。佳县张家大院大门上的骑马雀替，表现的是“凤戏牡丹”的传统图案。靠近柱身处有斗栱相托，小斗上一块纵向的花板内外分别雕有石榴和桃子，有“多子多福”和“福寿延绵”的吉祥寓意（图 62）。子洲苗家坪一户财主大门的骑马雀替上，运用娴熟的透雕技法，生动地表现了由人物、器物、动物及植物组合而成的画面。它与其上方的雕花柁墩、透雕花板以及透雕檐垫板一起，将整个大门外檐下打扮得玲珑剔透，十分漂亮。走近来看，这些雕刻的题材有“韩湘子吹箫”“刘海戏金蟾”“麒麟送子”“六合同春”“凤凰牡丹”等题材，象征着对子嗣、功名和财富的美好向往。大门内檐廊下，雀替为传统的三角形式，其上雕刻传统纹样“凤戏牡丹”；柁墩上雕刻荷花，寓意清廉与高洁；两侧透雕花板上，“古琴”和“书本”赫然在目，是主人对后代的殷切期盼。整个大门虽然未施彩画，但因装饰面积大，题材丰富，镂空雕刻的工艺极为精湛，充分显示出地方工匠高超的雕刻技艺（图 63）。陕北古民居中经过装饰了的雀替，排列在梁枋之下，犹如一件件木雕艺术品，展示在人们眼前，成为建筑中独特的景观。

（五）花板

花板是檐柱额枋下的装饰构件，两端与柱相连，与额枋同长，不起结构作用，只具装饰效果。这类花板多采用浮雕、透雕的技法，置于房屋正面的额枋之下，有很强的装饰性。佳县霍家坪某财主大门，在实木底板上用棂条组成“万字不断头”格网，中间嵌入琴、棋、书、画、古鼎、宝瓶等，形成富有吉祥寓意的花板装饰（图 64）。蛐镇冯家大院大门上，直接采用透雕花板来装饰，上面雕刻着缠枝葡萄，象征着对子嗣兴旺的期盼（图 65）。清涧老城一户古民居大门上，在实木底板上浮雕牡丹、莲荷等图案进行装饰，蕴含着对家庭子嗣后代枝繁叶茂、连绵不绝的美好期盼（图 66）。

图 64. 霍家坪古民居大门花板
图 66. 清涧某民居大门花板
图 65. 蛐镇冯家大院大门花板

图 67. 杨家沟依仁堂挂落
图 68. 吴家畔古民居挂落

67

68

（六）挂落

在房屋正面开间，为了加强装饰，沿着柱身向两边落下的装饰，称为“挂落”。挂落的装饰性比雀替更强。陕北古民居的柱间挂落，多位于内、外檐柱之间。挂落的装饰，大多采用深浅浮雕或透雕的技法，有的还将事先雕刻好的花朵及树叶构件，用铁钉再固定于底板之上，这种技法称为“贴雕”。杨家沟依仁堂建于清同治年间，其内院门檐柱间的挂落，因面积大，难以做整体的雕件，因此利用贴雕技法来完成。这个挂落上是凤凰牡丹图案，凤是“百鸟之王”，牡丹则是“百花之首”，两者结合，象征着无比的富贵吉祥（图 67）。绥德吴家畔一户财主大门内檐柱之间也用了挂落进行装饰，挂落上雕刻着“麒麟送子”和“喜上枝头”，从中间两个花瓶中长出的粗壮葡萄藤条上，挂满了果实，象征着子嗣繁盛（图68）。挂落上采用的形象和表现的内容比较多，表面再施以彩色，显得很华丽，成为建筑立面上很重要的装饰。

（七）彩画

建筑彩画起初是为保护建筑木构件不受外界因素侵害而出现的，渐

图69. 绥德艾家沟古民居彩画

图 70. 大会坪古民居彩画

渐地，除了防腐以外还衍生出了美化的功能。彩画是中国木结构建筑除雕刻之外的另一种装饰手法。梁枋彩画是建筑彩画内容最为丰富和集中的地方，根据等级、图案内容及象征意义，由高到低依次可分为和玺彩画、旋子彩画和苏式彩画。和玺彩画等级最高，使用于皇宫的主要宫殿上。旋子彩画等级次于和玺彩画，多用于皇宫的次要宫殿。而苏式彩画是由南方的包袱彩画发展而成的，从内容到形式比较随意、生动活泼，适用于园林和住宅建筑。陕北古民居的彩画装饰多集中于外檐的梁枋上，因百年来风雨侵损，大部分图案已经模糊难辨，但从斑驳的痕迹中，大体能看出其主要用色为蓝、绿二色。几处因隐匿于门屋高处而保留较完好的彩画印证了这一推断。绥德艾家沟古民居大门额枋，被圆形的包袱图案覆盖，包袱内饰有简易的团花。檩、枋之间是精雕细刻的牡丹花柁墩，花枝花叶栩栩如生，枋下一块木匾上书“寿考维祺”。整体木结构上施蓝绿为主色的彩画，间以少量粉色与红色，协调美观（图69）。佳县大会坪一户古民居大门的木结构上，也部分保留着清晰的彩画图案。其中，檩、枋上采用的是苏式彩画，中间的包袱里是简易团花，两侧盒子内则绘有黄底牡丹图，富贵典雅。柁墩上的垫板表面绘有立体效果的富贵不断头，而雕花的柁墩则用蓝、绿二色相间绘制，形成了蓝、绿为主色调的十分漂亮的彩画装饰（图70）。檩、枋、柁墩或斗

71

图 71. 大门木结构之美

图 72. 门头匾额

栱、雀替、挂落等，组成建筑正立面最重要的装饰内容。因大门的重要性，其外檐下的木结构装饰尤为精彩（图71）。

陆 门头匾额

门额是四周固定于框内的木额或石额的总称，门匾则是指门上悬挂的刻字的木匾或石匾。清华大学教授楼庆西说：“建筑上最直抒胸臆的就是文字，但最难表达的也是这文字。所以能在建筑上落下的必是意趣丰满、内涵深厚、远景明丽的

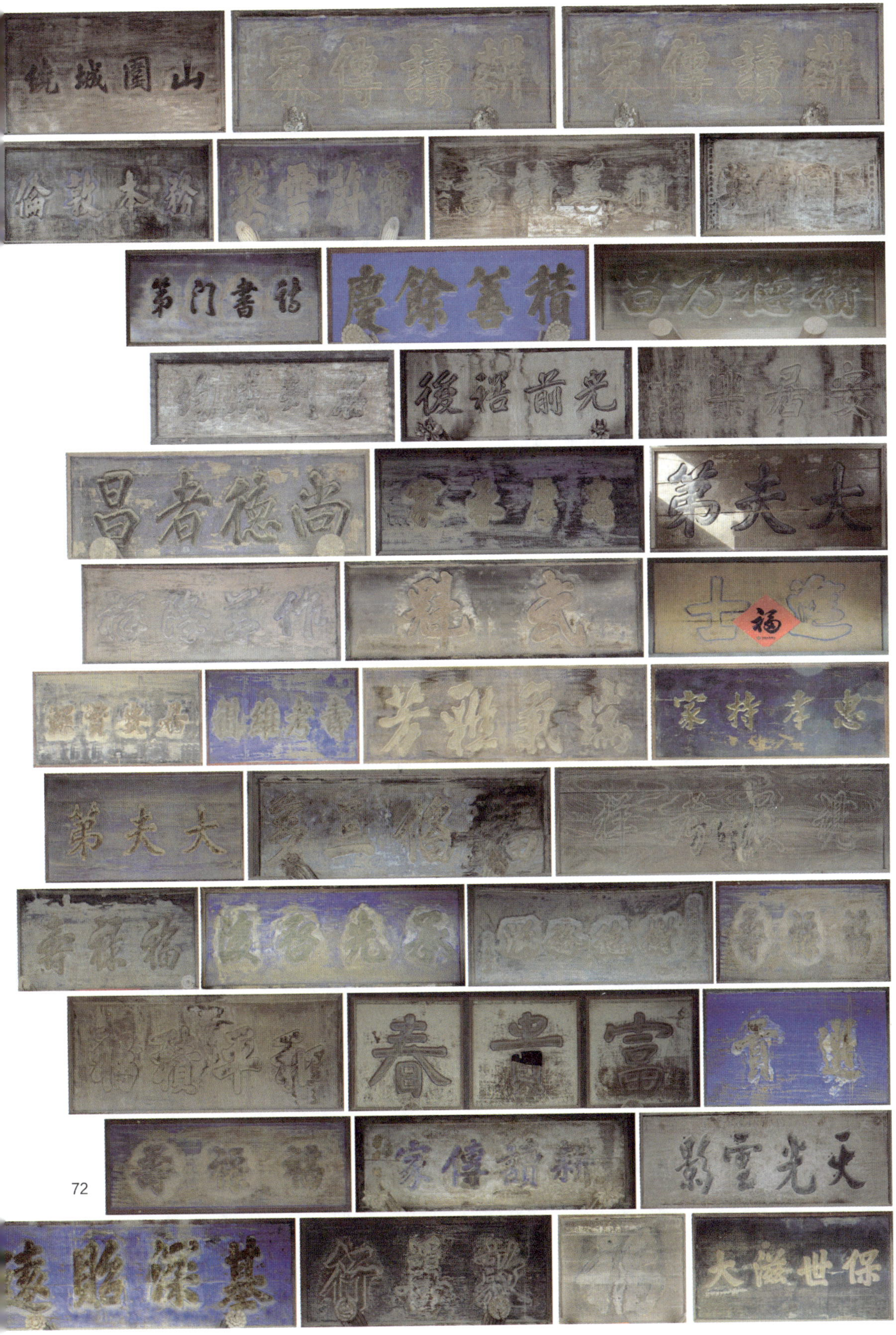
耕讀傳家
耕讀傳家
積善餘慶
光前裕後
尚德者昌
大夫第
忠孝持家
大夫第
富貴春
耕讀傳家
天光雲影
保世滋大

文字”。建筑上的文字，表明了宅院主人的家风家教，也寄予后代耕读自立、崇德行善的期望，表达着对后代子孙的劝勉和美好愿望，与建筑本身相互辉映，和谐统一（图 72）。

柒 石雕艺术

陕北有悠久的石刻历史，民间石雕艺术相对发达。从出土的汉画像石，到民间大量的炕头石狮、石碾子、石磨等各种丰富的石质生活器具，陕北石雕艺术经过了千年的锤炼，形成了鲜明的艺术风格。

（一）门枕石

门枕石是大门入口处重要的结构部件，因枕于门下，多为石料制作，故得名。其上有固定门框、门槛的两道沟槽，还有一个“海窝”，专供门扇下的旋转轴插入，而门扇上的旋转轴则用“鸡栖木”“伏兔”“连楹”等装置固定在门楣的内侧。门枕石使古民居大门的门槛、门框、门楣相互联接，成为有机整体，同时使厚重的门扇可以轻松开合，蕴含着传统工匠的智慧。门枕石分为两部分，一部分在门扇以内承托大门，一部分在门扇以外，起着平衡的作用。为了结构的稳定，露在门外的石礅长而厚重，因位置显要，自然成为装饰的重点。从其样式及装饰图案，可以了解宅主的身份、社会地位及审美情趣。

大门前置何种门礅，大有讲究，露明的方形基座是最简单的门礅，也有两层相叠者，称为“书箱式门礅”。书箱式门礅多置于文官或书香门第宅前，形似箱箧，有规矩礼数。

将圆鼓立于基座之上，下面用锦铺托抱，称为“抱鼓石”门礅。抱鼓石形如旭日，非常壮美，多用于武官或武举门前。一说是与古时“击鼓进谏”有关，门前设鼓有欢迎来人的象征意义。另一说是与古时频繁的战争有关，取古时“战鼓”之形。基座上置狮子的门礅，称为“狮子门礅”，狮子门礅多用于皇家、寺庙、道观、祠堂门前。从朝廷至民间，狮子因生猛威武，能镇宅护院而被大众所喜爱。全国各地还有少量的异形门礅造型，但陕北古民居门礅主要为以上三种形式，暂无发现新的类型。纵观陕北门礅石，以书箱式门礅为最多见，其次为抱鼓石门礅，狮子型门礅最少。

门礅位于大门入口处，宅院主人往往不惜重金，精雕细刻。与其它建筑雕刻相比，门礅有精工细作和图幅宏大的特征，有很强的装饰性。刻有各种吉祥图案的门礅，表达着宅院主人关于长寿、富贵、驱邪、招福、夫妻美满、多子多孙、家庭兴旺、万事平安等愿望，有的以古拙见长，有的以细腻取胜，充分发挥了陕北“细石匠”们无穷的创造性。门礅石与大门屋檐上的砖瓦雕刻以及梁枋彩画交相辉映，赋予了古民居大门丰富的人文内涵。从装饰题材来看，陕北的门礅以龙、凤、麒麟、狮子、鹿、鹤、蝙蝠、荷花、牡丹及松、梅、竹为主；常用的雕造技法有平雕、浮雕（浅浮雕和高浮雕）、透雕和圆雕。大部分门礅雕刻呈现古拙素朴，活泼热烈的艺术风格。一些价值较高的门礅，轻写实而重写意，具有较高的审美趣味。

1. 书箱式门礅

小型的书箱式门礅，截面呈正方形，装饰一个面或两个面。大多数书

图 73. 霍家坪古民居书箱式门礅

箱式门礅截面呈长方形，形成两个纵向的图幅。义合镇霍家坪一户古民居大门前，有一对书箱式门礅，两个门礅朝前的面上，均雕刻图案“麒麟戏凤”，表达“凤翔长空降洪福，麒麟啸鸣纳吉祥”的吉祥寓意。这两幅石雕主题相同，但画面处理却刻意地营造出变化，同中求变，可见雕刻者的匠心独具。两门礅的侧面，一边雕刻着鹿、鹤、小草，利用“鹿”与“六”同音、“鹤”与“合”同音，与象征春天的小草一起，表达“六合同春”的含义；另一边则雕刻着“麒麟送子”和“凤戏牡丹”图案，有祈求后嗣绵延的寓意（图73）。大多数书箱式门礅的表面，被分割为上、下两部分来进行装饰。根据分割方式不同，有“上下均等”“上大下小”和“上小下大”的形式。其中，“上下均等”的形式，最为常见。其实，无论哪种分割方式，都是在上、下两个图幅内，

图 74. 书箱式门礅

分别雕饰图案。讲究的门礅还在上、下两个图幅之间，增加须弥座和锦铺的造型，再用花卉、蝙蝠、几何纹样等进行装饰。最高等级的书箱式门礅，顶上有圆雕石狮子，这些狮子或蹲卧或趴伏，神态各异。书箱式门礅，图幅方正，蕴含着儒家思想，体现着中庸中和的理念（图74）。

2. 抱鼓石

抱鼓石主要由基座和石鼓两部分构成，而基座有方形和须弥座两种形式。座上往往对角铺着一块垫布，四角被掀起，里面钻出几只小狮子，共同承托着上面的石鼓。在垂下的包袱角上也精心雕饰。包袱心有龙、蝙蝠、“福寿”文字、花草等雕饰，包袱边上则装饰着卷草纹、富贵不

图 75. 抱鼓石门礅
图 76. 狮子门礅

断头等植物或几何纹样。须弥座由上下枋、束腰和圭角组成，座上多用莲瓣纹装饰。须弥座朝前的面上，往往还用圆雕金猴、“福”“寿”文字等进行装饰。猴子生动活泼，富有灵性，深得人们喜爱，长久以来猴文化在民间具有深厚的根基。“猴”与“侯”谐音，还有“马上封侯”“辈辈封侯”的吉祥寓意。位于最上面的石鼓是雕饰的重点。鼓肚外突，两圈鼓钉清晰可见。鼓肚顶端多雕刻狮子，或站立、或蹲坐、或趴伏，形态各异，有时是一头独狮，也有“双狮滚绣球”的热闹场面。这些位于鼓肚顶端的狮子大多呈现一副嬉笑、顽皮的神态。除了圆雕狮子，鼓肚上还常有铺首衔环的高雕装饰，环上系有缨子或飘带，形成对着门外的装饰。鼓面上的雕刻有“双龙戏珠”“双狮滚绣球”“麒麟吐书”等，题材丰富。与书箱式门礅相比，抱鼓石的结构、工艺更为复杂，还有双鼓的形式（图 75）。

3. 狮子门礅

狮子门礅分踞大门两侧，左为雄狮，足按绣球，右为母狮，脚抚幼狮，有时背上还有几只小石狮。狮子门礅在陕北古民居中用在各种门前，起到禳灾辟邪，镇宅护院的作用（图 76）。

（二）石柱础

柱础是木柱下面的结构部件，作用有二：一是传递荷载；二是防潮，避免木柱直接接触地面而造成侵损。宋《营造法式》和清《工程营造则例》

77

78

79

80

图 77. 姜氏庄园柱础
图 78. 带包袱角的柱础
图 79. 四角有石狮的柱础
图 80. 圆鼓与覆斗式结合

中对柱础有明确规定，但在封建社会相对封闭的情况下，民间形成了丰富的地方做法。有一点基本相同，那就是柱础直径多大于柱体，这形成柱础的基本形式特征。

柱础常用的形式有覆斗式、基座式和圆鼓式。覆斗式柱础是将“斗”倒置，形成上小下大的形式，它外形自由，可以是圆、方或八角形等。基座式柱础最典型的就是须弥座的形式，上下有枋，中间为束腰，最下边是圭角。圆鼓式则利用上下鼓面的平面来承托木柱。在陕北古民居众多的柱础实例中，还看到大量三种基本形式的组合，例如圆鼓式与基座式组合、圆鼓式与覆斗式组合等。

米脂姜氏庄园大门檐柱下的石柱础，是圆鼓式与基座式的组合形式。突起的鼓肚上，两圈鼓钉清晰可见，为了提升装饰效果，下面基座侧面的三个小图幅内，分别雕饰着“绵绵瓜瓞”“喜上枝头”“喜报三元”图案，是庄园主人对子孙昌盛、喜报不断和考取功名的期盼（图77）。一些须弥座上有包袱角造型，包袱心和包袱边分别进行线雕装饰（图78）。还有些基座的四角由狮子支撑（图79）。杨家沟一户古民居的廊下柱础是圆鼓式与覆斗式组合，虽无过多雕刻，但整个柱础清秀挺拔（图80）。

（三）石对联

陕北有一类屋宇式大门，其山墙不是由青砖，而是由石材砌筑而成。就连大门的屋顶，也是由石板铺设而成。这是一种地方做法，在米脂、绥德一带古民居中分布很广。这一类大门山墙朝前的面上，往往置一块厚约 8 公分的长条石板，结构上起到支撑作用，同时因位置显著，成为

81

图 81. 对联四周的雕刻

图 82. 大门石对联

82

重点的装饰部位。在陕北，宅门两侧的这两条石板，还成为书写宅主人生理想及寄语后世的绝佳场所。其上刻写的宅第对联，往往对仗工整，平仄协调，书法与雕工精妙，是文学与艺术的美妙结合。在文字四周，多有雕饰，有莲荷、仙鹤和宝瓶等内容。因图幅狭长，多以宝瓶或古鼎与吉祥花卉一起组成主图，间以其它装饰纹样，形成丰富的视觉效果（图81）。子州苗家坪两户财主的石筑大门上，分别写着对联："世间好事忠和孝，天下良图读与耕"与"水之江汉星之斗，凤有梧桐鹤有松"，表达了宅主的价值观和人生追求（图82）。

（四）挑檐石

挑檐石是窑洞建筑特有的结构部件，它位于窑脸上端，用于支撑挑出的屋檐。因屋檐自重较大，挑檐石一般还要入土掩埋2/3的长度。露明的挑檐石通体用"立水錾"和"搬方錾"进行装饰，形成规律的线性装饰效果，端头则多用云勾纹进行装饰（图83）。作为陕北乃至全国窑洞革新的典范，杨家沟马氏新院的挑檐石最为独特和气派。首先，挑檐石和其下的石雕角撑共同形成一组大型的石雕艺术品，其硕大的体量，精致的雕刻，在陕北

图83. 挑檐石

图 84. 中西合璧的建筑立面
图 85. 龙纹挑檐石及角撑
图 86. 拐子龙纹挑檐石及角撑

乃至全国的窑洞建筑中都是孤例。其二，石挑檐上采用的龙的形象，是中式元素的典型代表。众所周知，窑洞建造者马醒民先生，曾在日本留学，回国后设计并建造了这座创新式窑洞建筑。龙对中国人来说，是一种符号、一种意绪、更是一种血肉相连的情感，龙是中华民族的象征。马氏新院的挑檐上用龙纹来做装饰，与日式简洁的直线条门窗样式、西式哥特式尖拱造型一起，在建筑外立面上形成中式、日式和西式风格融于一体的窑洞建筑（图 84）。其三，挑檐石及其下的石雕角撑采用了不同龙纹的图案。最为人称道的，便是位于屋角和窑洞正面的八个“应龙祥云”石挑檐。只见这些精挑细选的米黄色石头细腻光洁，一片祥云之中，一只苍龙仰天长吟。檐头上高浮雕结合圆雕的雕刻技法，使龙的形象更加立体生动。在中国封建社会，龙纹只能供皇帝使用，皇帝穿的衣服叫“龙袍”，乘的轿撵叫“龙撵”，上朝坐的椅子叫“龙椅”。但因龙的形象早已在民间具有广泛的影响，在京城以外的地区，人们仍然喜用龙纹进行装饰。而“九”为最大的阳数，因此“九条龙”则是最高等级的装饰，普通百姓不敢使用。所以，新院的石挑檐采用了八条龙来进行装饰。后来，毛主席转战陕北，在此宅院居住三个月之久，形成“九条龙”的格局，历史的巧合更增添了新院的人文主义色彩。石挑檐下面是硕大的石雕角撑，它的装饰也十分精彩。接近三角形的石板上，草龙口含绣球，双目圆睁，上半身旋成圆弧状，与曲卷圆润的卷草纹交相呼应（图 85）。新院内还有一种石挑檐及石雕角撑，采用了现代感极强的“拐子龙”图案进行装饰，是宅主关于“传统与现代”的思考。“拐子龙”的形象高度图案化，转角形成方形，即所谓的“拐子”，整体简洁、明快，有很好的装饰意趣（图 86）。马氏新院虽然建于民国，但仍深深地受到中国几千年传统文化的影响。马醒民先生采用龙的形象，与日式、西式典型风格共现一宅，体现了宅主博采众长的开放胸襟，以及强烈的文化自信。

（五）其它石材

陕北古民居内还有石龛、石马槽、石碾、石磨、石仓、拴马石等众多石质生活器具，亦多有雕刻。石龛是家庭祭祀的场所，常设于窑洞立

87

88

图 87. 石雕神龛

图 88. 石马槽

面，多成对出现，分别用于祭祀土地神和天地神。它是一个微缩的门屋造型，有屋脊、正吻、屋檐、斗栱、廊枋及雀替等结构，是石材仿木的工艺（图 87）。在农耕社会，只有有钱人家才养得起马。马槽上精雕细刻，亦成为装饰之所，雕刻内容有莲荷、仙鹤、卧马和钩月等多种纹样（图 88）。在陕北，碾子和磨盘不仅是加工粮食时不可或缺的石质家具，还上升为民间信仰，受到人们的崇拜。按“左青龙，右白虎”的的说法，碾子是“青龙”，常位于宅院左侧，而磨盘是“白虎”，多位于右侧。碾子两端，往往成为装饰重点（图 89）。在古代，人们也有低温存储食物的需求，智慧的先民则利用窑体的背阴处，掏挖成穴，然后用石板或

89

90

91

92

图 89. 石碾子与石磨盘

图 90. 窑体侧面的“土冰箱”

图 91. 低温石仓

图 92. 拴马石

木板做门，密封成一个类似现代冰箱的低温空间（图 90），有的是在院落阴凉的角落，直接用石板搭一个低温石仓（图 91），还有的在地面以下掏挖洞穴，进行低温存储。不像关中的拴马桩立于地面以上，陕北的拴马石则大都嵌入墙体，雕凿成或圆或方的造型（图 92）。

捌 影壁装饰

影壁位于宅院大门的内或外，是人们进出宅院第一眼所见之物，尤其是宅内影壁，它是人们进入宅院的第一景观，所以成为建筑装饰的重要场所。影壁是一座独立的墙体，大部分由砖砌造，也有少量石材。在陕北古民居中，由于房屋布局紧凑，门内影壁多附设在与大门正对的墙上，成为贴附在房屋外墙上的一层装饰，这种影壁称为“座山影壁”（图 93）。“一”字形影壁位于大门内或者外，不依附任何墙体而独立设置，一般与大门保持一定距离（图 94）。在大门两侧呈八字形的影壁，则称为“撇山影壁”（图 95）。纵观陕北古民居实例，以上三种影壁类型中，座山影壁分布最为广泛，独立影壁次之，撇山影壁最少。影壁这一建筑结构，自

图 93. 神木古城民居“座山影壁”
图 94. 高庙山常老二宅院的“一字影壁”
图 95. 米脂窑洞古城民居的“撇山影壁”

93

94

95

上而下，可分为壁顶、壁身与壁座三部分。整体看来，陕北古民居中的砖影壁分布广泛，而石影壁稀少。壁顶部分，跟房屋的屋顶一样，多采用硬山式双坡结构：屋脊上用花砖装饰，两端置以龙形鸱吻，筒瓦铺顶，檐口猫头滴水。壁身是影壁的装饰重点，造型十分丰富。壁座大都采用须弥座的形式，有的还在束腰处加强装饰。

神木老城白家大院内，有一座非常精美的砖雕座山影壁。远观这座影

图 96. 神木老城白家大院影壁

图 97. 神木古城影壁

96

97

壁，采用了满堂式的布局方式，注重雕刻内容的充实与雕工之精巧。细看影壁雕刻，屋脊上满布花砖，两端鸱吻张口仰头；壁身上，四攒斗栱架于檐檩与额枋之间，斗栱间的花板上雕刻着金牛、宝马等图案，额枋上雕刻着玉兰花；壁身的中央是梁枋和垂柱形成的一个开间，内有两层花板，上层花板被分割成四个小图幅，里面分别雕刻“石榴”“佛手”“桂圆”和“寿桃”，就连小小的折柱上也雕刻着琴、棋、书、画，下层花板上用高浮雕表现缠枝牡丹纹样；壁心以“三星高照”“天官赐福”为主题，形成了一个由松柏、灵芝、神鹿、蝙蝠、仙山和仙人组成的仙界画面。在壁心砖雕四周外围，有多层边框和边饰，其中，边框是由细砖拼合而成，它外面的一周圈边饰则用浮雕宝相花来装饰，再往外，是两圈立体竹节纹的砖雕。足可见，工匠在这个影壁上确是下了功夫的。从整体布局到形象刻画都表现出当地工匠高超的雕刻技艺，使之成为陕北砖雕影壁中难得一见的精品。壁座为条石垒砌的须弥座造型，束腰部分有线刻装饰（图96）。神木老城内还分布着几座这样精美的砖雕影壁，艺术价值颇高（图97）。

玖

门格窗棂

老子在《道德经》中说：“凿户牖以为室，当其无有，室之用也。”户牖即为门和窗，可见但凡房屋都有门窗。门是人们进出的通道，而窗有通风和采光的双重作用。门窗不仅具有物质功能，更具有精神功能。门窗上的装饰，蕴含丰富的人文内涵。封建社会长期以礼治国，而礼的本质就是等级，表现在建筑上，就是建筑等级制。中国木结构建筑，有

“墙倒屋不塌”的特征，因墙体不承重，门窗开设非常自由，柱子间可以全部开隔扇门。在大宅院里，不同的建筑供不同等级的人使用：正房供主人居住，厢房供其子女居住，倒座为仆人居住。建筑等级制，还体现在门窗装饰上。磁尧沟张家大院正房，中间两柱间全为格扇门，两侧为对称墙窗，其上局部外罩花窗，窗格纹样精美。廊下的梁枋上设斗栱和柱间挂落，与门窗一道，共同将这三间正房打扮得十分隆重。而厢房墙窗上的罩窗，则采用最为简单的方格子，等级降低（图 98）。

窑洞合院内，

图 98. 磁尧沟张家大院正房
图 99. 杨家沟依仁堂正窑门窗
图 100. 姜氏庄园正窑门窗

正窑门窗工艺复杂，等级最高，厢窑次之，倒座最低。这是建筑等级不同之于门窗上的体现。受“以中为上”的传统思想影响，一座建筑，居中的房间门窗等级最高，两旁次之。米脂杨家沟马氏与刘家峁姜氏有姻亲关系，两庄园内的建筑存在相似性。以正窑门窗为例，两宅院的正窑均是一排五孔窑洞，最中间的主窑，门开在正中，墙窗分布左右，是建筑“中为上”的表现。主窑的窗格中，使用了由三根棂条相交而成的“三交石榴”窗格纹样，与北京紫禁城太和殿中间格扇门上的“三交六椀菱花窗”非常类似，从这点看，主窑的窗格等级非常之高。而次间的窗格明显比主窑简单，梢间的窗格则多采用正十字格和斜十字格的方格窗，等级最低（图99、100）。

拾 大门装饰

陕北有各种形态的大门，无论是屋宇式门，还是随墙门，或者其他类型的门，都是由门框和门扇组合而成的。大门显示着主人的身份和地位，装饰尤为重要。在大量陕北古民居中，我们看到工匠在大门的装饰上也展示出高超的技艺和智慧。

（一）门框装饰

门簪是古建筑大门门框上的装饰物，名称起源于古代妇女的头部装饰物。门簪最初是用来固定门框上供门转动用的连楹，后来，由于位置显要，门簪的装饰性逐渐增强，被赋

101

102

图 101. 门簪

图 102. 神木老城古民居门槛

予了更多的人文内涵。门簪的数量也可体现等级，是宅主官衔、身份的象征：一到五品可以为六个，六到七品可以为四个，其他小官员或普通大户人家限用两个。陕北古民居大门的门簪均是两个，形状多样，正面或雕刻或描绘，多饰以各种花卉水果图案，有寿桃、莲蓬、荷叶、牡丹等造型（图 101）。

门槛是设在门框下端的横木条或石条，是家庭秩序内外有别的礼制界限。从功能来讲，门槛可以阻止风沙、水患、虫、鼠等侵入，但一些工匠也对它们也进行了装饰，用铁皮将其包裹，防止损坏（图 102）。门槛还是宾主之礼的象征，客人跨过门槛进入厅堂，头需要低下来，看自己的脚步防止磕碰，以显示对主人的尊重。

（二）门扇装饰

与普通大门不同，陕北地主庄园和窑洞大院的门扇非常厚重，多用数条窄门板拼合而成，常称为“板门”。为了增加装饰效果，门扇上采用铁皮来装饰。门板正面敷有铁条，上钉门钉。为了装饰，一些门钉

图 103. 门扇上的立体铁花装饰

104

图 104. 门钹装饰

之间还用立体花朵来装饰，十分别致有趣（图103）。门环、门环座和叩击垫片在清代被称为“门钹”，在民间形式丰富。手拉的门环形式多样，有的还用线刻进行雕饰。铁皮加工成的门环座，或方或圆，形式不同，其上多线刻花纹进一步装饰。还有的将门环座、垫片的功能进行整合，巧妙地组成“五福捧寿”的构图，有极好的装饰性。单看门环下的垫块，有的是花叶形，有的是蝙蝠形，中间有凸起，叩门时，门环撞击产生响亮的声音，同时也避免了门环与门板的直接撞击（图104）。门扇四角，镂刻着各种式样的装饰花纹，形成装饰感极强的角花，既能避免两扇木门间的磨损，同时又赋予了其丰富的人文内涵。还有些门扇，

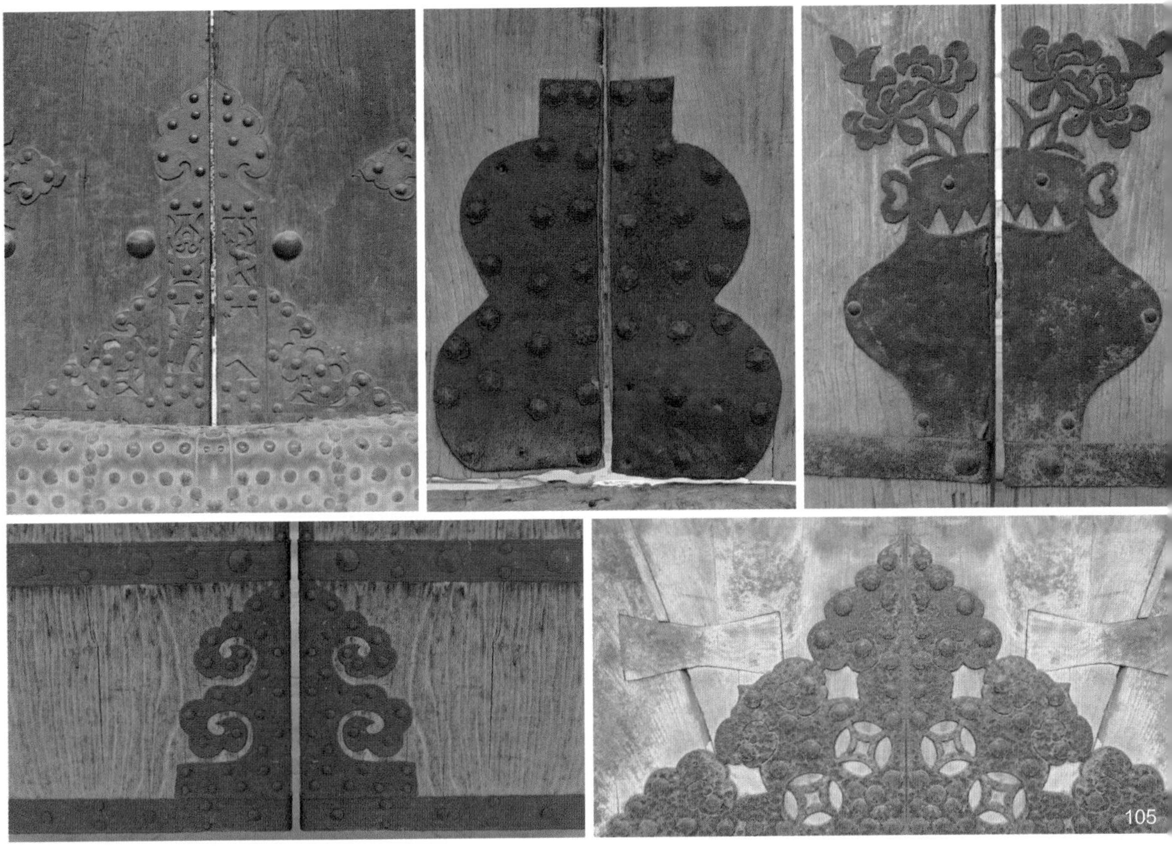

图 105. 门扇角花

为了增强整体性，门扇上下两头用铁皮包裹，再用铁钉固定。陕北古民居大门，彰显着古建筑文化的源远流长，以及陕北工匠的智慧（图 105）。

IV

黄河流域古民居

黄河流域古民居概况

黄河流域古民居实例

壹

黄河流域
古民居概况

人类文明、文化起源发展的聚集地往往居于大河流域。陕北地区最具代表性的河流就是黄河，陕北文化的发轫亦源于此。天下黄河，唯富河套。以银川为中心的宁夏、内蒙古等地盛产大米，自古富庶。套里鄂尔多斯高原境内，黄河水流平稳，两岸土地肥沃，可耕可牧。晋陕峡谷之间，黄河北起山西省偏关县北和内蒙古交界处，南至陕西韩城市的龙门和山西河津市，两岸山陡谷深。波涛汹涌的黄河水，入陕后呼啸着冲入晋陕峡谷，一路向南奔腾而下，过了府谷大桥后，宽阔舒缓的黄河水面，在晋陕两省之间形成了一条长达数百公里的黄金水道。据志书记载，从战国时期开始，黄河两岸的人们便以水利为依托，运送生活、生产物资。

明清至民国时期，晋陕峡谷内，黄河水运往来极其繁荣。《山西保德县志》记载，从清代嘉庆年间至民国末年，曾出现两次大规模的汉民入蒙高潮，大大促进了我国晋、陕、内蒙古三地的物资交流。货物要经过黄河航运才能转销出去或运入该地。全国各地客商云集在黄河较大的渡口村镇，成为黄河中游典型的货物集散地。山西碛口便是黄河东岸的一大商业重镇。清嘉庆年间，佳县境内黄河沿岸有大会坪、桃花渡、木头峪、荷叶坪、关口和螅蜊峪六处渡口，那时这些渡口所在地驼铃声声，船筏不断，商贾云集，店铺林立，其中桃花渡和螅蜊峪渡口规模最大。清道光二十七年《吴堡县志》记载，吴堡境内黄河上下有名的古渡口则有八处，吴堡人在黄河上搞商运，从而发家致富。由清代白稽位编著《乱陕西后续荒年》与据白宝森编写的吴堡《白氏家谱》等资料，吴堡黄河航运在明清年间是该县县衙的一项主要的税收财源。道光本《吴堡县志》记载："明代吴堡全县有集镇七处，各镇皆铺户数家"，其中宋家川最为繁华。可见当时黄河航运确是车水马龙，一片繁荣。

佳县、吴堡两地，东隔黄河与山西省临县相望，北接神木，西连米脂、绥德两地，西北同榆林市毗邻，东南隔黄河与山西省临县、柳林相望。临县南端，便是大名鼎鼎的水陆交通枢纽——碛口。碛口的下游，由于河道内多有暗礁和急流，又因落差巨大，船只便不再适合通行。因此，上游来的商船只能在碛口停泊，货物在此地改走陆运，发到河南、河北、天津和北京等地。河对岸的吴堡、佳县沿黄古渡口也因此繁荣。吴、佳两县，因河运便利，明清时期，沿黄 14 个古渡口，十分繁荣。木头峪、峪口、螅镇、大会坪等地，便是沿黄古民居集中之地。

府谷、神木两地，东倚黄河，西临内蒙古，明清时期渡口林立，蒙汉边贸兴盛。神木麻镇、黄甫镇、万镇等贸易集镇上，也是众多古民居集中之地。除了以上黄河沿线的贸易集镇和渡口码头外，陕北境内输送货物的骡马大道上，日行骡马，夜走骆驼，昼夜不息，沿途古驿站遍布，也留存不少明清古民居遗产。

贰 黄河流域古民居实例

（一）黄甫镇李家大院

皇甫南临黄河，北连内蒙古，与山西河曲隔河相望，是

图 1. 黄甫古镇

陕北境内榆塞长城东起第一堡，更是府谷边防重地和蒙汉互市的重要集市。清康熙以后，由于边关开放，汉人陆续去“禁留地”垦荒耕种，黄甫近水楼台，内蒙古人带着皮货来此交易，故形成繁荣的边市。当地很多生意人学会了蒙语，市场周围还有供蒙人支帐篷居住的土城。至道光年间，黄甫发展成府谷北部的经济文化中心，商贾云集，贸易活跃，豪富遍地。李家、曹家、魏家和郝家等享誉晋、陕、内蒙古的商贾大亨皆发迹于此。最兴盛时，仅四合大院就有 360 个，人口达到 2 万多人。当时流传着“金黄甫银麻镇”的说法，足以证明其时其地之富庶（图 1）。

李家大院是古镇目前保存最完整的大院，建于清道光年间，占地总面积 1400 平方米。清朝道光年间，李家鼎盛。长子李树德考中武举，次子李培德考中秀才，三子李裕德考中文举，兄弟三人开始分别修建自己的宅院。这座典型的李家大院，其上院为长子李树德修建，下院为次子李培德修建，两个院落既相互独立，又相互联系，因共用一个大门，实际上又组成了一个两进制的大宅院（图 2、3）。宅院北高南低，历时五

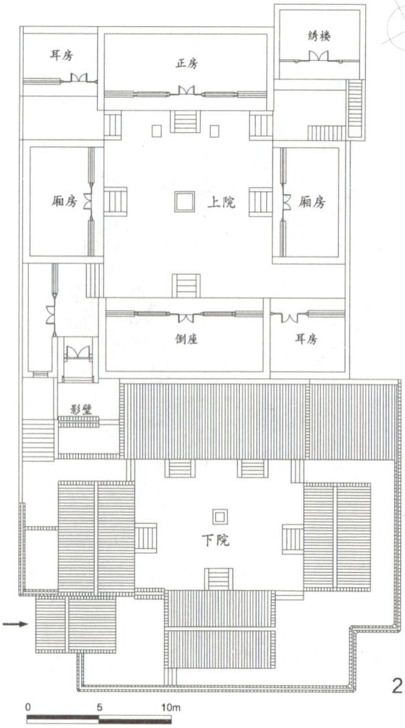

2

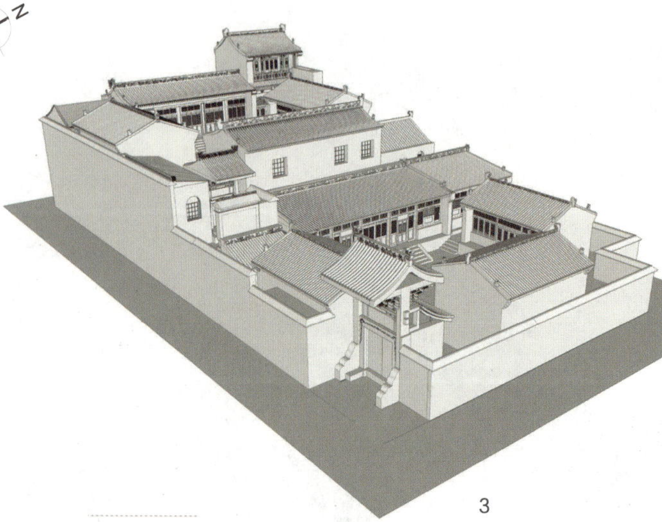

3

图 2. 李家大院总平面
图 3. 李家大院三维模型
图 4. 大门斗栱
图 5. 门板上的彩绘

年才建设完工。大门外檐下，五层斗栱依次挑出，既有结构功能，又因斗栱本身结构复杂、极富韵律，因此产生强烈的装饰效果。木结构上的雕刻及彩画装饰，使整个大门显得绚丽多姿（图 4）。门板上的彩绘门神，使整个大宅门看上去华丽庄重（图 5）。高悬于大门上的门匾，上书“天锡纯嘏”，“锡”通“赐”，指上天赐予洪福之意（图 6）。屋顶采用了五脊六兽的式样，屋脊上的莲花镂空砖（当地人称“穿风脊子”）和张

4

5

8

图 6. 门匾　　图 8. 李家大院大门
图 7. 屋脊装饰　　图 9. 下院正房及耳房立面

口鸱吻，已超出清代七品官的规格，体现了宅主的功名等级（图 7）。整个大门为砖木结构，高大气派，样式独特（图 8）。进入大门，再过东侧小门，即步入下院。院内青砖墁地，中心砖砌高花池，是养花弄草之地。四周房屋均建于高台基上，其中正房台基最高，东西厢房次之，倒座最低，院落秩序井然。五间正房坐北朝南，单坡屋顶，前出明柱四根，菱形格门窗。正房东、西两侧有耳房，形制不同。东西厢房及倒座各三间，菱形格门窗，均为四扇屏门（图 9）。经正房西通道，折向北，拾级而上，

9

图 10. 上院门外影壁

图 11. 上院大门

图 12. 上院正房

图 13. 正房待客厅

图 14. 室内暖阁

图 15. 室内木板壁

到达上院平台。上院大门外正对一座砖雕影壁，壁顶是猫头筒瓦半出檐结构；壁身中间镶嵌“福禄寿喜”图，两侧有对联，下联为“勤俭继世长”，上联为“孝友流芳远”，是中国传统家规家风的写照；壁座为须弥座式样，在束腰处的壶门内，雕刻着牡丹、莲花、菊、梅、佛手和竹子等中国传统装饰图案，是“四季平安”的吉祥寓意（图 10）。上院大门为砖木结构双坡硬山顶，斗栱及木结构上施绿底金漆彩画，十分雅致漂亮（图 11）。上院内青砖铺地，中心为砖砌花池。房屋均坐于高台基上，其中正房台基最高，以显示其尊贵地位（图 12）。正房为五脊六兽硬山顶房屋，共五间。居中的三间开格扇门，内为待客厅（图 13）。其余两端间开菱形格窗，内为卧室。客厅与卧室之间分别以木板壁和木暖阁来分隔，方砖铺地，木板吊顶（图 14、15）。正房西边为卷棚顶耳房，东边是一座二层楼阁，形成独具地域特色的民居样式。古镇上还有多家这样的布局。按传统四合院的布置方式，耳房等级要低于正房，不仅本身尺度缩减，而且整体建筑体块要退后。而在李家大院东耳房的位置上，却建成下窑上房的结构，形成罕见的二层楼阁。楼阁一层为窑洞，拱券式门窗上嵌砖雕匾额“承先裕后”，表达宅主对教育的重视（图 16）。关于二层上的楼阁，据镇上的老人们讲是绣楼，专供家中女儿居住。古时女子地位低，大门不出二门不迈，这高高在上的闺阁，如同牢笼，束缚着女性的自由。可是李家大院这座二层楼阁门额木匾上书“泮兆两闱”，字体苍劲浑厚。“泮池”指古时学校前的水池，孔庙大成门正前方设有半月形的水池，它是官学的象征。“两闱”指科举考试的秋试和春试。由此看来，这里显然应是读书之所，是大宅院的私塾。二层上视野高远，环境清雅，窗棂、栏杆、雀替等木雕装饰十分精彩（图 17—19）。上院内东西厢房各有三间，供子女居住，倒座五间，东侧带耳房，西侧则为出入上院的通道。

李家大院是陕北典型的四合院楼阁式建筑。因受地势所限，整体宅

图 16. 二层楼阁

图 17.“泮兆两闱”门额

图 18. 二层上的视野

图 19. 楼阁木雕

院虽没有中轴线，但上、下两院方正对称，尊卑有序，为研究陕北清代建筑布局以及建筑等级制度有一定的参考价值。宅院建筑全部为砖木结构硬山式，其大门与绣楼的独特形制，丰富了陕北古民居的风格内涵。

（二）磁尧沟张家大院

磁尧沟东临黄河，历史悠久。张家是清代中晚期巨富，其宅院位于村内南梁畔自然村，背山临壑，居高临下，大门口可以远眺黄河。清中叶“开边”以后，张有启等四兄弟于清道光、咸丰年间走西口到内蒙古河套一带，租种蒙人的土地，逐步积累资金直到租有良田万顷，后又开办了碾坊、磨坊、油坊、酒坊、皮坊、旅馆、客栈等。张家主要和蒙古人做生意，自家有150头骆驼的运输大队，生意一直做到乌兰巴托、蒙俄边界。在包头、乌特拉前旗、五原等地创办了“广生西”“广圣西”“广生玉”“广生祥”等商行字号，集农工商于一体，富甲一方。

张家大院坐西向东，前后三进院落，形成“日”字结构，象征着如日中天（图20）。据张家后人讲，在大宅外的南北两端，曾有两座拱券式大门洞，人骑在高头大马上都可以畅行无阻。门洞的外侧，是由青

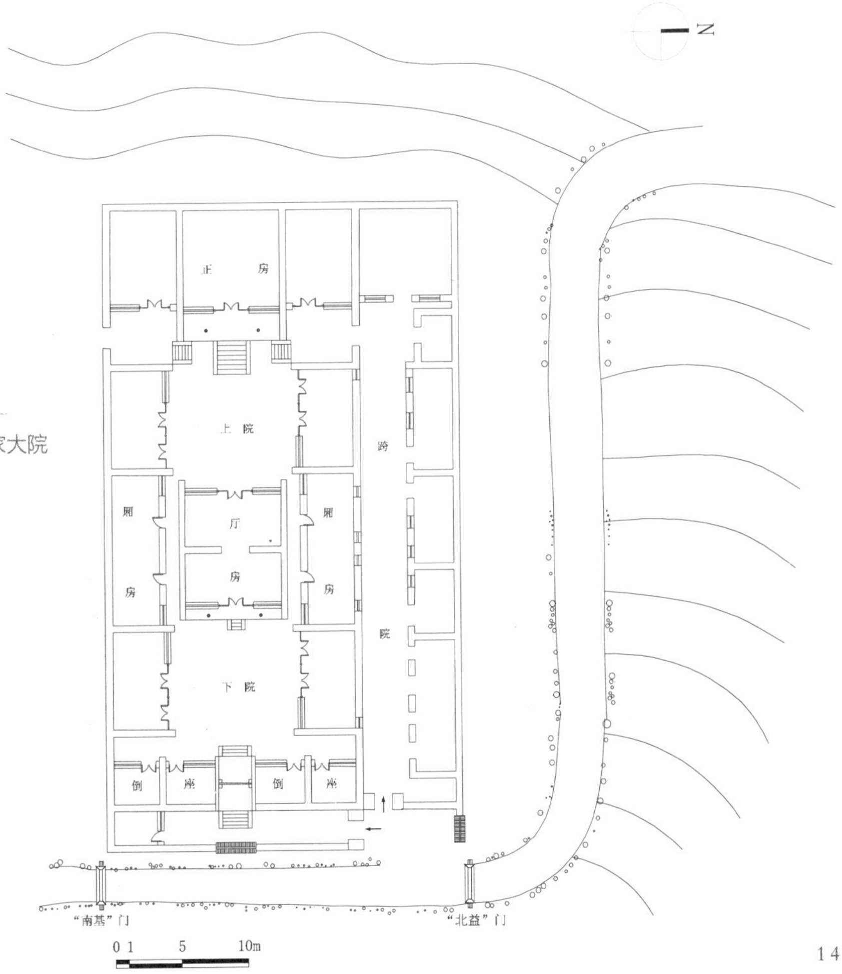

图 20. 张家大院总平面

20

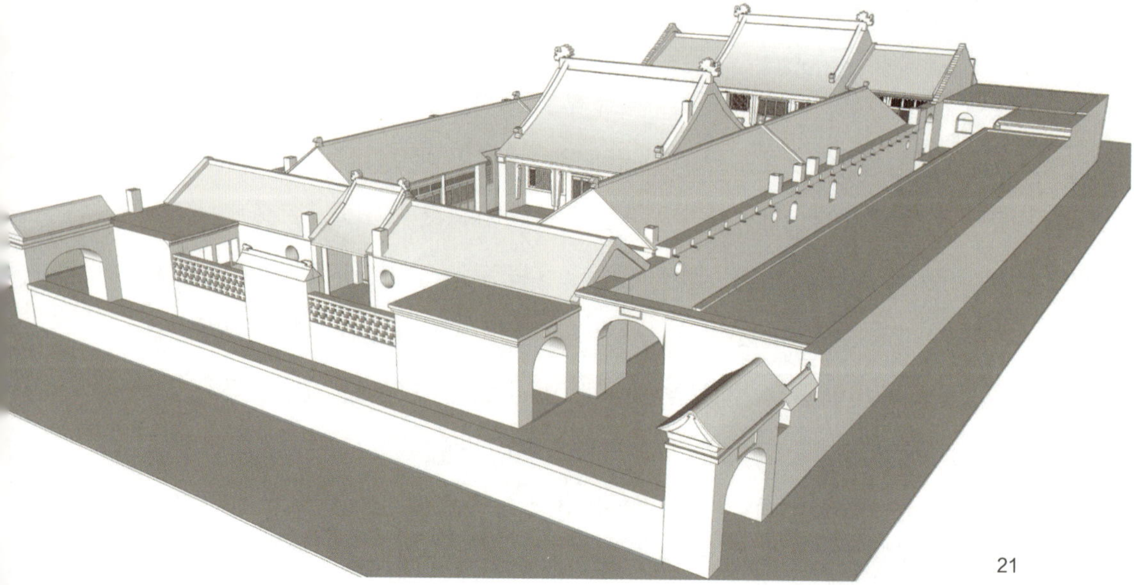

21

砖砌成的半人高的花栏子围墙，通行的道路宽有两米有余。大门洞上还安有门扇，可以开关，巧妙地将张家主宅的大门涵隐，匠心独具。大门洞的门头匾额上，分别雕刻着“南基”和“北益”几个大字，蕴含着宅院主人在北地（内蒙古一带）创业致富，而在南地（陕北家园）修建宅

22

23

院的人生轨迹。正所谓根基在南，获益于北（图21）。大门外有一座影壁，壁顶是猫头筒瓦双出檐结构，屋脊上施砖雕花脊，牡丹纹，正脊两端有鸱吻；壁身上书“九世遗模”四个大字，壁心用方砖斜铺，形成素面几何图案；壁座采用须弥座形式，束腰上有简易壶门装饰（图22）。主宅大门坐南向北，门额正中雕刻“积善家风”四个大字，字体苍健有力，左右两侧以砖雕垂柱装饰，柱头采用莲荷纹样（图23）。

进入大门，下院院落狭长，院落的尽头是一间小房，功能类似今天的门房。一座砖影壁嵌在东围墙之中。影壁的壁顶结构与门外影壁相同，只是脊砖纹饰采用了莲荷纹。壁身上，四攒斗栱饰于檐檩与额枋之间，斗栱间的花板上雕刻双龙捧寿、牡丹、莲荷等图案，额枋上则雕刻着带状花卉装饰。壁身的中央，一个硕大的“福”字居中布置，四周饰以龙纹和蝙蝠纹。左、右两侧的对联上刻写着：“家声传汉代三杰首推韩旧相，学业溯关中两铭先仰宋名儒”。上联中的汉代张良是张家祖宗，而

24

图 21. 张家大院三维模型复原图
图 22. 门外影壁
图 23. 主宅大门
图 24. 东墙影壁

下联中的宋代张载也是名儒，此联用典，既可励志后人，又兼炫耀家世。壁座采用砖砌须弥座的形式，束腰上有简易壶门装饰（图 24）。影壁与中院大门、过厅、上院正房构成整个主宅的中轴线。

中院大门与影壁相对，夹于两侧倒座房之间。硬山式起脊大门，猫头滴水、五脊六兽很是气派。门头匾额题“都阃府”，彰显着宅主的官位等级。外檐下的挂落、斗栱等均施木雕彩绘（图 25）。步入中院，正面是过厅，它同时是中院的正房，与两侧厢房、倒座围合成四合院。过厅面阔三间，双坡硬山式屋顶，中央设格扇门，饰以菱花格格心。左右设槛窗，上下四抹头，格心部分则饰以万字不断头纹样。中间两扇窗外有窗框，框内的木棂格上安薄纱，又称纱屉，夏日把槛窗打开，纱屉既通风又防止蚊蝇入侵。色彩配置上，统一用红色的边框和绿色的棂条，使槛窗与格扇门的木结构装饰整体感增强。外檐柱的额枋下以三架挂落进行装饰，其上雕刻西番莲图案。藤枝漫叶上下勾连，形成了连续性的视觉延伸，使挂落的装饰更具动感，传达圆满连绵的寓意。枋上的斗栱造型发生了有趣的变化，横栱两侧被雕刻成卷草纹样，华栱则变形成了

25

26

27

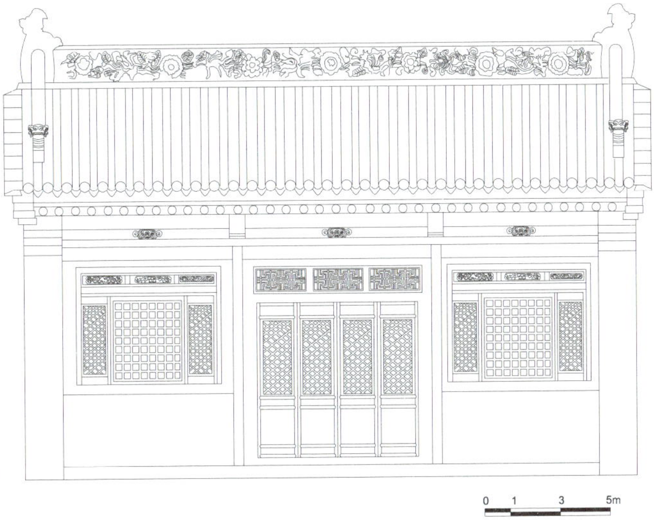

28

图 25. 中院门
图 26. 中院正厅房
图 27. 厅房正立面（中院正房）
图 28. 厅房背立面（上院倒座）

卷草纹样的木雕花头。斗栱用蓝、绿二色进行装饰，白色描边，十分清新素雅。圆形的飞檐头上运用单色退晕图案，使平面图形具有立体的透视感。外檐正中还悬挂一木质匾额，黑底金字，上书“姿姿英爽”（图26）。过厅室内留门洞，平时两边大立柜堵住不使走行，过红白喜事时，移开立柜，便可直达后院，设计巧妙。此过厅前一半是中院的正房，后一半是上院的倒座，这合二为一的建筑，因等级差异，前后立面呈现不同的面貌，十分有趣（图 27、28）。过厅外两旁各有 1.5 米宽的人行通道，通往上院，男左女右，秩序井然。中院两侧厢房各三间，单坡硬山式屋顶，

29

30

31

32

图 29. 中院厢房　　图 31. 上院正房与耳房

图 30. 上院正房　　图 32. 中院与上院厢房立面

屋顶线平直（图 29）。

从过厅两侧踏一级台阶，方可进入上院，形成“步步高升”的院落结构。上院与中院布局类似，只是面阔三间的正房，坐落在高高的台基之上，需踏七级台阶才可抵达，用高台基凸显了正房的等级（图 30）。无论是建筑尺度还是建筑装饰，上院正房的等级均高于中院正房。上院正房的山墙墀头上还增加了砖雕须弥座装饰，以表达宅主的志趣和情操。正房两侧各有两间耳房，其建筑高度、空间尺寸、装饰等级都相应降低了（图31）。因上院等级高于中院，上院的厢房与中院的厢房虽结构相同，但装饰等级不同。上院厢房的立面上，增加了柁墩装饰，并且窗格纹样更为精细（图32）。主院以北有一个狭长的跨院，两院之间有小门相连通（图33）。跨院为主院的辅助性院落，分布着厨房、粮仓、磨坊和牲畜棚圈等，有独立大门（图34）。张家大院匾额很多，弥漫着浓厚的文化氛围。正房前悬挂的黑底金字匾“翰苑齐名”，原是晚清时汉臣、汉卿兄弟二人同榜考取功名，翰林院特赠匾以示彰显，但二人皆返乡料理家业，未从政。后来，他们的兄弟汉俊考入清华大学，因才华出众，未及毕业，内蒙古五原县就聘其当县长，还有绥远府的马都督也聘其当助手，皆因家人反对从政，未去上任，可见张家大院的家风气息。明清时期，一般民居建筑上的鸱吻是闭口兽，正四品以上的建筑允许是双尾张口兽。张家大院几十个兽头，不仅是张口，而且是五尾含丹，同时屋顶上全部采用筒瓦，此种建筑规格，远远高于北京四合院。张家大院在新中国成立之初被没

图33. 主院通往跨院的小门

图34. 跨院

33

34

收归公后，曾设府谷县第五乡政府，1954 年至 1999 年又改为瓷窑沟完全小学，一度还曾办过初中，故保存较为完整，现为县级重点文物保护单位。

张家大院以南，还有一座张氏宅院，据说两家的主人是兄弟关系。从现有建筑体块来看，其规模不亚于张家大院，但由于家道中落和社会变迁，使这座宅院的修建工程半途而废（图 35）。可以看出，这个宅院采用窑房结合的方式，跟张家大院的纯砖木结构四合院布局截然不同。其上院正面一排四明头砖窑，中间的正窑是高大的“枕头窑”，左、右各两孔耳窑，呈中心对称。两旁的耳窑低于正窑，加上向后退了近 60 厘米，使这居中的正窑更加“凸”显。正窑一门两窗，门头雕刻“世系清河”四个大字，铭记着主人家族的故土渊源（图 36）。瓷窑沟张氏，先由河北清河迁至

35

36

陕西洛川，明永乐年间实行移民政策，张氏一世祖君治公奉召从洛川又迁移至府谷。“世系清河”，既不忘祖，又显家世。正窑的檐头位置显著，成为重点装饰部位。只见檐口下斗栱密布，其间点缀着方形砖雕，内容有琴、棋、书、画、寿桃、佛手、石榴和柿子等。正窑的大门上方位置显要，以双龙戏珠图案进行装饰，雕工精湛，表达了宅院主人对美好生活的强烈渴望。斗栱下面为两层雕花砖拼成的额枋，并用垂柱将其分隔成三间。柱枋之间装饰着“双龙捧寿”图案，并形成“骑马雀替”的式样，造型美观。垂柱下端为垂莲柱头，就连垂柱表面，也采用花卉进行雕饰，可见装饰之细腻（图 37）。耳窑建筑等级降低，远观其檐口与正窑檐口的装饰，只觉其大小、构图相似，但近看就会发现不但雕刻主题不同，而且斗栱的装饰明显简化了。垂柱间也采用了更为简单的云勾纹样，

图 35. 张氏宅院
图 36. 正窑“世系清河”门额
图 37. 正窑立面
图 38. 耳窑立面

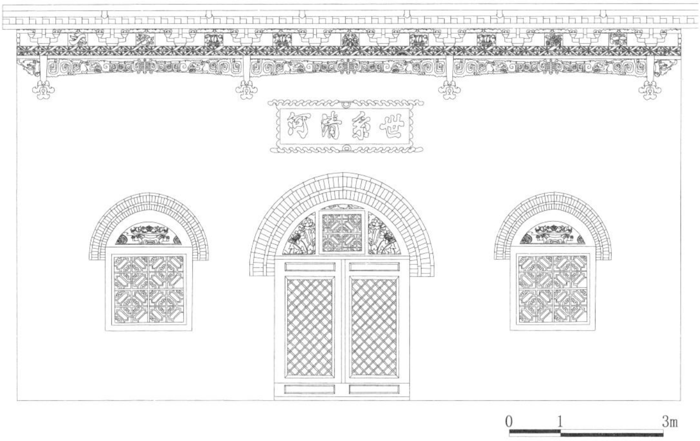

37

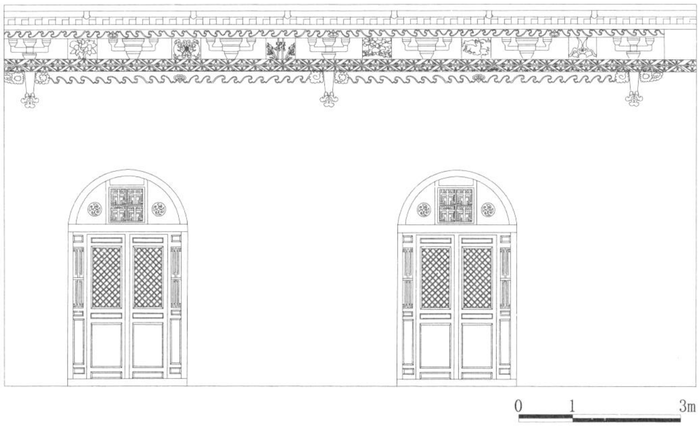

38

图 39. 正窑室内立柜

总之耳窑与正窑相比，装饰等级降低了（图 38）。再看“枕头窑”的室内，面积相当于普通窑洞的三、四倍。据说在窑洞里，六抬大轿都可以打转。室内方砖铺地，家具古朴。一个大立柜，严丝合缝，正面描绘了多幅人物故事，惟妙惟肖。柜门上两只宝瓶式铜铺首倒垂，虽历经上百年，仍光泽如新（图 39）。正窑五级台阶以下，有左右厢房各五间，形成狭长的院落布局。此院落将北京的四合院和黄土高原的窑洞文化相融合，极具地方特色。在正窑背墙南山根处，还藏有一条隧道，其出口在土山背后的悬崖上，当地人叫“窨子”，为紧急避难之用。

（三）深墕村郝氏庄园

郝氏庄园位于府谷县深墕村，由四世郝海同始建于1881年，于1892年修建完成，为清晚期窑洞民居。据家谱记载，郝海同其人聪明、勤奋、心细、胆大，很有眼光。他常年往返太原、包头等地贩卖粮食、油、麻、布等百货商品，从而发家致富。郝氏庄园是在原土窑基础上修建完成的，占地面积2134平方米，建筑面积800平方米。庄园是一座两进式窑洞大宅院，坐北朝南，北宽南窄。南边的院落为畜养场所，北边的院落为生活区。

外院的大门开在西围墙上，石砌拱券式，木质门扇。院北是内院南窑的背墙，上开两个窗洞，院东是石砌围墙，其南端，是一间石砌拱券式羊圈，院南有牲口圈舍四孔（图 40、41）。

内院大门位于院落的西南角，坐北朝南，门外设三级台阶。这座双坡硬山式门楼，由石材筑基，青砖砌造。檐口下成排的椽子、斗栱、梁枋和垂柱，全部是砖仿木的结构。斗栱上的垫板以夔龙纹、卷草纹装饰；斗栱下平板枋上的菱形格内以宝相花进行装饰；斗栱之间则由四幅传统图案装饰，分别表达“一路登科”“福星高照”“富贵吉祥”“平安大吉”的美好期盼；垂柱下，硕大的倒垂莲花头形态优美；柱枋间，则是“双龙捧寿”图案。仔细看这两条龙，它们双目圆睁，张口吐舌，龙爪及龙尾变化成卷草纹样，云作底，龙为主，极具装饰美感；垂柱之外，则以夔龙纹装饰。从远处看，大门正面的砖雕

40

41

42

43

图 40. 外院大门
图 41. 外院
图 42. 内院大门
图 43. 宅内影壁

以条状或带状装饰于结构之间，使素平的砖墙显得很是精美。拱券式门洞的正上方，有一块砖雕门额，边框由12条夔龙点缀，上书“惠迪吉”三个大字，使整个大门更显文化韵味（图42）。

进入内院，正对的是一处座山影壁。檐口之下，仍然采用了砖仿木的结构。斗栱之间，以大幅“莲荷”与“牡丹”图案进行装饰，表达宅主的人生追求；柱枋间，“双龙捧寿”图案上采用的是夔龙纹；壁心部分，大写的“福”字苍劲有力，四角以“蝙蝠”点缀，强化了宅主对“福运绵长”的孜孜追求（图 43）。内院由门楼、粮仓、正窑、倒座和东厢窑围合而成。以北的正窑，是一排五孔砖面子窑，位于五级台阶之上，地位尊贵。其对面为倒座窑，建筑样式与正窑相仿。因窑洞门窗小，窑腿粗，

图 44. 正窑砖雕　　图 46. 窑面砖雕
图 45. 倒座窑砖雕　　图 47. 内院东厢窑

44

45

46

47

窑立面上形成大面积素平的砖墙，于是在距檐口 1.2 米高的范围内，工匠进行了十分精彩的砖雕装饰，代表着陕北古民居砖雕艺术的最高成就，主要体现在两方面：一是斗栱间雕刻题材之丰富，俨然一个陕北砖雕艺术展示墙。据统计，正窑与倒座窑上的斗栱共计近 70 攒，斗栱之间全部点缀着不同题材的砖雕纹样，有吉祥植物题材的，如菊花、梅花、竹子、佛手、葡萄、石榴等，也有吉祥动物题材及十二生肖的，如凤、锦鸡、耕牛、神猴等，还有琴、棋、书、画类的器物题材和“万”字、“寿”字、“福”字等文字题材的（图 44）；二是在一处古民居内，龙纹数量之多，变化之丰富，实为陕北所罕见。仔细看正窑与倒座窑柱枋之间的龙纹装饰，几乎全不相同。正窑上的龙纹以云龙、草龙为主，通过细节的增减或变化，使造型千变万化；而倒座窑上的龙纹则以夔龙纹为骨架，通过填充菊花、莲荷、器物等不同纹样，创造出复杂多变的造型（图 45）。无论是正窑还是倒座窑，其檐口下的装饰，均采用了砖仿木的结构，用青砖拼出椽子、檩木、斗栱、额枋和垂柱等结构。整体来看，在正窑和倒座窑檐口下，带状的砖雕装饰、斗栱间主题砖雕、柱枋间龙纹砖雕与硕大的垂花一起，将整个窑洞建筑衬托得十分华丽（图 46）。内院以东是两孔厢窑，窑面为“下石上砖”的结构（图 47）。而与正窑相对的倒座窑，内部实际上是两个大空间的“枕头窑”。内院西边是一座砖砌的平顶仓窑，其南墙上附着的便是与正大门相对的座山影壁。

郝氏庄院随山就势，设计巧妙，布局严谨，做工精细。既雄伟凝重，又精巧华丽，各种雕刻目不暇接，花样繁多，惟妙惟肖，栩栩如生。据后人讲，庄园由山西人何考子带领工队建造，所有砖雕皆从山西太原购买，千里迢迢过黄河由骡马驮运而来，所耗费的人力、物力和财力巨大。其独特的建筑样式，为研究陕北传统民居的建筑功能和分区提供了重要的实物资料。

（四）神木古城白家大院

神木位于晋、陕、内蒙古三省（区）的接壤地带，是明长城的军事要塞，四五千年前这里就有人类聚居。石峁遗址是区域内现存史前最大的城址，为4000多年前中国北方及黄河流域的文明中心。历史上神木一直是守卫中原、抗击外夷的边关前哨。白家大院位于陕西省神木市西大街，建于清末民初，占地面积约500平方米，是一座两进式砖木结构四合院（图48）。宅院由大门、影壁、二门、庭院、正房、倒座、东西厢房、厨房、储藏室和厕所组成，大门设在东北角（图49）。

大门为砖木结构，外设三级台阶，双坡硬山顶，五脊六兽，筒瓦铺顶。两侧山墙墀头顶端，分两部分进行了装饰。下段用带有造型的砖逐层挑出，上段是一块斜置的戗檐板，其上雕刻“麒麟”纹饰，表达宅主对子嗣的

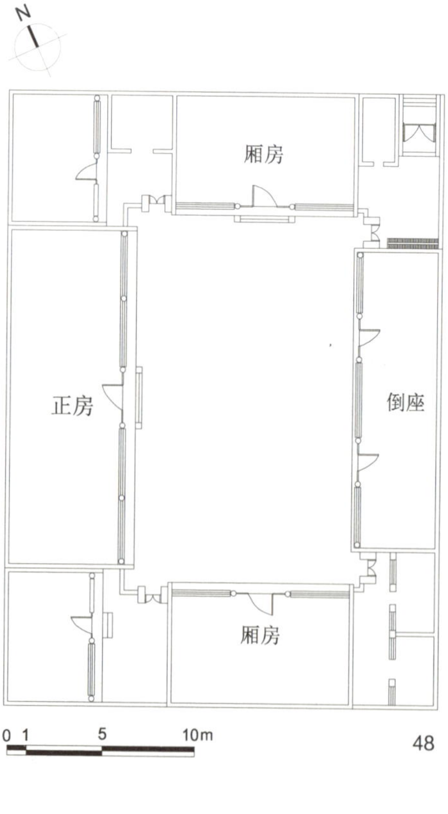

48

图48. 白家大院总平面

图49. 白家大院

49

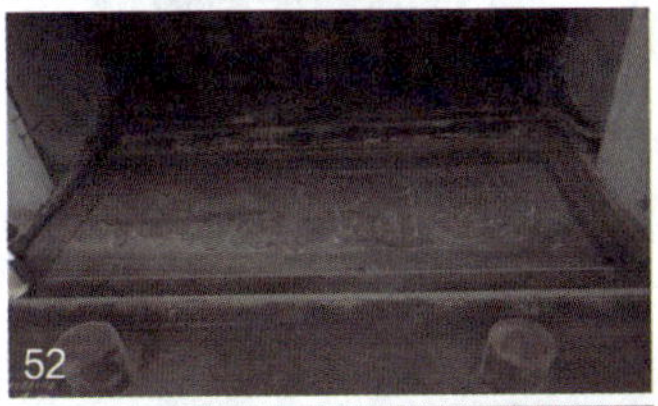

图 50. 大门墀头装饰

图 51. 大门木雕

图 52. 门匾

图 53. 门扇及门槛装饰

图 54. 外院

期盼（图 50）。外檐柱间，以斗栱和透雕花板进行装饰，花板雕刻内容为“福禄寿”三星及龙纹（图 51）。门额上书“践道履仁”，是宅主教导后代对他人要友爱和尊重。门扇上的门钉、门钹和角花等铁艺装饰很精彩，连木门槛也被铁皮包裹和装饰。门礅石上一对莲荷，象征宅主对高洁品质的追求（图 52、53）。大门与巷道相连，是第一重门，大而气派，二门则与院落相连，小而简单，两门呈拐角转接，避免了大门直冲院落。外院狭小，由围墙、影壁、二门、大门及门房围合而成（图 54）。

大门内，一座砖雕影壁正面相对，它是嵌附于倒座房山墙上的座山影壁，高5米，宽3米，其雕饰之繁缛细腻、雕工之精湛，在陕北地区首屈一指，艺术价值较高。最为称道的是壁心部分的主雕，“三星高照”“天官赐福”“周子爱莲”“八仙庆寿”“二龙戏珠”等图饰被雕刻得活灵活现（影壁详解见128—129页）（图55）。大门与影壁间的围墙上，也做了装饰。墙的最上面是双坡硬山顶，花脊鸱吻，筒瓦铺顶，

图 55. 影壁　　图 57. 二门装饰

图 56. 围墙装饰

猫头滴水。檐下7攒斗栱是砖仿木的结构，这里只作装饰之用。墙心处一个硕大的“福”字，四角以夔龙纹点缀，使整个墙面装饰显得大气稳重（图56）。二门实际上就是开在围墙上的一个门洞，只是对门洞以上的部分进行了重点装饰。拱形门洞外，以凸起的砖雕饰带进行装饰，凸显了门洞的位置。檐口下采用了砖仿木的结构，使成排的砖结构或进退有序，或层层挑出，丰富了门洞的造型。两条精致的雕花饰带以及柁墩，形成了檐口下的视觉焦点。二门的屋顶仍采用双坡硬山顶，花砖正脊，鸱吻装饰，筒瓦铺顶，猫头滴水。通过精心的装饰，使这座面积不大的二门，也显得十分精致（图57）。

迈过二门，进入内院。院落内青砖墁地，因高出巷道数尺，既能得到很好的采光，又能保证排水的通畅。内院是由正房、东西厢房和倒座围合而成的宽展的四合院。宅院的四角还暗藏小院，布置着书房、厨房及厕所，因此，整体宅院呈典型的“四大八小”式布局。宅院主体建筑全部为双坡硬山顶砖木结构，五脊六兽，筒瓦铺顶，猫头滴水。但因位置不同，建筑等级并不相同，主要体现在台基高度、装饰等级、门格窗棂以及建筑尺度上。正房高于院落尺许，需跨三级台阶而至，其余建筑台基降低，以显示尊卑有序；正房的脊砖尺寸最大，而且采用了圆雕与高浮雕相结合的技法，工艺极为复杂，而其他建筑屋顶则采用浅浮雕脊

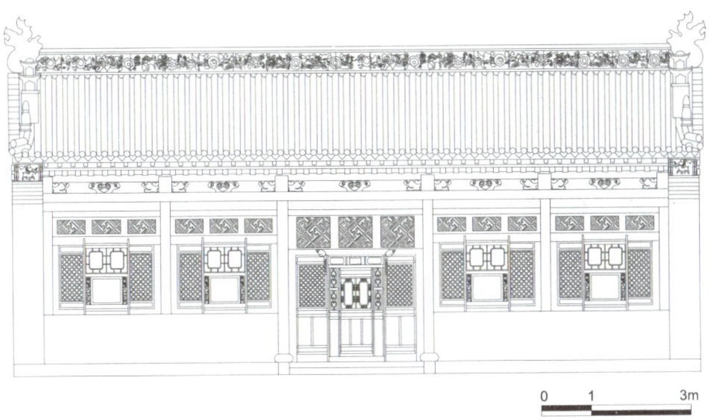

58

61

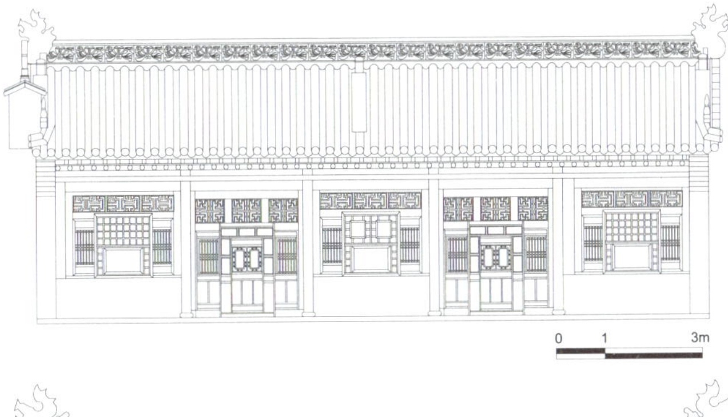

59

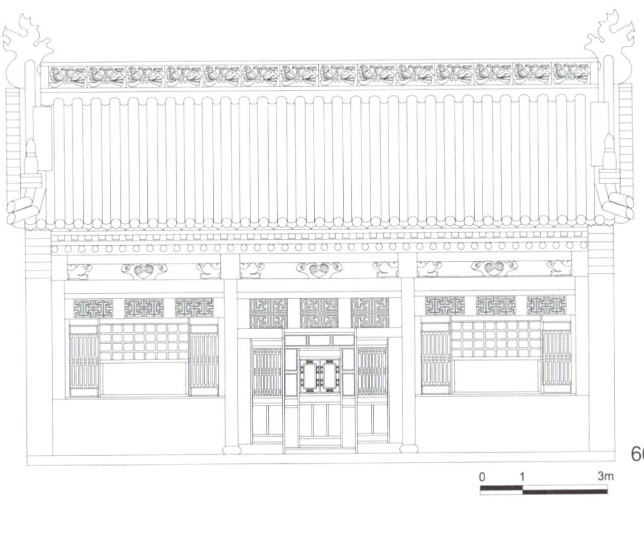

60

图 58. 正房立面

图 59. 倒座立面

图 60. 厢房立面

图 61. 正房墀头砖雕

图 62. 室内壁龛

砖；正房的山墙墀头上，用饰有“麒麟送子”的砖雕戗檐板进一步装饰，而其他建筑则没有；正房门窗的窗格造型较其他建筑更为讲究，而且正房的建筑尺寸最大(图 58 ~ 61)。

高大的五间正房是宅院的核心，据说所有门窗木料均采用山西省岢岚山的红松，室内布局十分典型。从中间的格扇门进入室内，迎面而来是八仙桌和太师椅组合，其后的靠墙处设壁龛，用木雕、彩画装饰。壁龛的内壁饰以镏金彩画，可以看到中间是释迦像，外架木雕门头，形成一个嵌套的内部空间，以供奉祖宗牌位。木雕门头的上部分是椽子、檩木、斗栱结构，下部分是额枋、立柱和垂柱结构，内嵌多幅木雕作品，有梅、兰、菊、莲荷、牡丹、石榴、葡萄等植物纹样，也有云龙纹样，其雕艺精湛，技法纯熟，所施黑、金两色油漆，更显富丽高贵(图 62)。壁龛两侧沿墙布置着竖柜与顶厢，可以看出储物空间十分充足。东、西两尽间是卧室，由雕花木板壁作隔断。东、西木板壁上，彩画、雕刻琳琅满目，最突出的，还要数格扇门上的木雕大字“诗书经世”和“忠孝传家”，表现的是儒家礼法与治学的思想。这两幅书法作品，同时也形成了东、西两个木板壁上雕刻与彩画的主题内容。东板壁上多刻绘与“诗书”相关的题材，例如四幅大型的木雕作品分别为“梅、菊、荷、牡丹”，而西边则为四幅关于“忠孝”题材的

图 63. 柜体

图 64. “忠孝传家”匾额

图 65. 木板壁分隔内外

图 66. “诗书经世”匾额

图 67. 卧室内炕灶相连

图 68. 火炕

内容。板壁以内为卧室，室内方砖墁地，炕、灶相连，这在寒冷的北部地区十分必要。东板壁外，沿窗还设置了一盘两米多的火炕，使这正房的空间利用更加符合人的需求（图 63 ～ 68）。

（五）木头峪古民居聚落

木头峪距佳县县城 20 公里，位于黄河中游、秦晋峡谷西岸的滩涂地，与山西临县隔河相望。全村南北长 3 公里，东西宽 1 公里，占地 800 余亩，一马平川，枣林环绕，树木葱茏（图 69）。据文献记载，明洪武年间，木头峪先民自山西洪洞大槐树下迁移而来，因喜房前屋后栽种槐树，盛产木头，村名由此而来。明嘉靖年间，曹、张两大氏族的先祖，因时局动荡、辞官归乡，在木头峪滩地上，修建别墅而隐居（古建尚存），奠定了木头峪村的文化基础。其后百年间，木头峪人尊师重教、尚德崇文，

图 69. 佳县木头峪

图 70. 大门前的敬字炉

图 71. 敬字炉

图 72. 苗晋文宅院

千方百计培养后代，先后涌现出许多政界、学界、商界和文艺界的精英。现立于古民居大门前的“敬字炉”，表达宅主尊重文字、尊重知识、敬惜字纸，蕴含着木头峪人对文化的尊崇情结（图70、71）。明清至民国，黄河船运繁荣鼎盛，木头峪因优越的自然地理条件，被誉为秦晋贸易往来的“水陆码头”和“商埠重镇”，村中有“永盛和”“三义和”“聚丰厚”等商号；经营船运及货物，古民居得以快速发展。随着陆地交通的发展，黄河水运式微，木头峪逐渐衰落。抗战时期，多个党政机关和单位迁入木头峪，1947年重阳节，毛主席在观看了木头峪群众剧团的演出后，给予极高评价，并为该剧团题词“与时并进”和“人民喉舌”，现悬于戏台两侧。

古时陆地交通不发达，航运为主要的物资运输通道。木头峪位于黄金水道旁，尽得舟楫之利。据不完全统计，新中国成立前，木头峪有大小地主60余户，其土地广袤、财力雄厚。现存张氏先祖（张玑）院落为木头峪最早的古民居，建于明代嘉靖年间，距今近500年。而建于清末的苗晋文城堡院落，是村内最后一座清代古民居（图72）。前后400余年间，木头峪的营建活动一直在持续。乾隆至光绪年间，由于重视教育，木头峪苗氏一族精英辈出，恰逢黄河船运十分繁盛，苗氏先贤眼光独具，在封建社会“重农抑商”的背景下，提出农商并举，使木头峪的商业进入快速发展，经济情况迅速改善，古民居营建抵达高峰。据统计，仅这一时期就营建了26座古民居大宅院。木头峪曾有明清古民居约46院、古庙宇10座、古牌坊3座、古祠堂4座、各类门匾和其他牌匾50余幅。2004年，中国艺术研究院将木头峪村评为全国古民居保护村，并载入中国建筑艺术年鉴。2005年，在北京召开的中国建筑艺术论坛会上，木头峪荣获“中国建筑艺术年鉴，古村落与传统民居保护”奖。2014年，国家发展和改革委员会，国家旅游局等七部委把木头峪纳入全国乡村旅游扶贫重点村。

1. 聚落特色

木头峪聚落位于黄河泥沙沉积的滩地上，它背靠大山，唇吞黄河。特殊的村落选址，使村民既要考虑周边山体高原泄洪的风险，又要考虑黄河大水的入侵，因此，村落的规划十分有特色。骑跨于巷道上的 20 余个石砌路洞，在加固左右窑体的同时，洞内可泄洪，可行人，同时又是一座座“天桥”，使村落窑顶相连，形成屋顶逃生系统，直通西山边。

图 73. 洞巷景观

图 74. 戏楼滩
图 75. 木头峪村落肌理

路洞与巷道环环相扣，悠长别致的洞巷景观令人印象深刻（图 73）。巷道宽约六尺，是给两侧窑体各预留三尺滴水空间而形成。整体看来，木头峪村两条村道贯通南北，21 条小巷横亘西东。村街的前、中、后段曾建有三座贞节牌坊和节孝牌坊，毁于“文革”时期。木头峪村民主要由曹、张、苗三大姓氏构成。村落布局上呈现出以祠堂为中心的氏族聚集态势。村子中央的戏楼滩，由戏楼、献殿、观音庙和文昌庙四大主体建筑及其周边开阔地组成，是村内政治、经济和文化中心，更是全村人茶余饭后的集散地（图 74）。由于营建时间不同，村落形成前村与后村两大片区。与前村相比，后村的街巷空间发育更为成熟，形成“井”字布局（图 75），而古民居则东西成排，大门向东或向西正对大街。

2. 古民居特色

木头峪古民居大门，既有石砌窑洞式，也有青砖门楼式。木头峪人重视教育，文化繁荣，明清至民国，秀才至进士，共出了 100 多名。建国后，

76

77

78

图 76. 匾额

图 77. 木头峪正窑

图 78.“明柱抱厦”结构

省军级、地师级和县团级干部 80 余人，大学教授 8 人。一个村落文化如此繁荣，不仅在陕北仅此一处，在全国也实属罕见。深厚的文化底蕴，体现在木头峪古民居上，就是这里大放异彩的匾额文化。匾额是中国古建筑重要的组成部分，被誉为建筑的眼睛。木头峪的匾额有门匾、寿匾、政绩匾、德教匾、学位匾、节孝匾和招牌堂号等等。通过匾额，能看出一个家族的门第层次、道德修养、处世哲学以及对后世子孙的殷切希望。可以说，每一块匾额的背后，都隐藏着一个家族厚重的发家史（图 76）。

木头峪最有特色的古民居是“明柱抱厦”式四合院，有单进、两进和三进院落。四合院内，坐北朝南的正窑一字排开，五、七、九孔不等，均为明柱抱厦形制。东西两侧，则布置大门、厢窑、马棚、厨房及厕所，倒座多为矮石窑，多作为库房。木头峪地处黄河滩涂，地势平坦，所有窑洞均为石箍窑，窑面多由白灰黄泥抹出。正窑前，数根明柱一字排开、挺拔玉立，柱下用青石石鼓承托，每柱中腰处有横梁和撑梁，在生产生活中，多用于放置枣笆，收纳耕犁、风车、打枣杆以及黄河上捞柴、捞炭用的舀子等，极具农家生活气息（图 77）。厦檐上筒瓦铺顶、猫头滴水，厦檐两侧还有望风板和悬鱼装饰。正窑左右，多砌砖墙至厦子下，使窑前呈三面围合之势（图 78）。木头峪村落景观和古民居建筑风格均独具特色，体现了先辈独特的设计构思与精湛的营造技艺。

（六）康家港沙坪上村骡马驿站

骡马驿站位于蟋镇康家港乡沙坪上村，东依黄河，南接吴堡，西望绥德。明清时期，晋商的突起，碛口的兴盛，让这条“碛口（山西）—螅蜊峪（陕西）—沙坪（陕西）—吉镇（陕西）—绥德 / 杨家沟（陕西）”的古驿道长期充满活力。沙坪是商道上的第一驿站。每日经过上百头运货的骆驼、骡马等大牲口，将山西碛口来的洋布、洋货通过螅镇运到大西北，又将大西北的甘草、青盐、皮毛、土特产等货物通过碛口运至全国各地。据村里老人回忆，商运兴盛时期，沿村道共有十多个驿站，规模最大的就有 7 家，当时号称“李家七户”。村前的这条路坑洼不平，又特别狭窄，为避免拥挤，白天走骡马、夜晚走骆驼，因此驼铃声声、昼夜不息。繁荣的古驿道，还催生了内容丰富的驿站文化，陕北民歌《赶

图 79. 骡马大道旁的沙坪上村
图 80. 李家骡马驿站
图 81. 下院骡马店平面

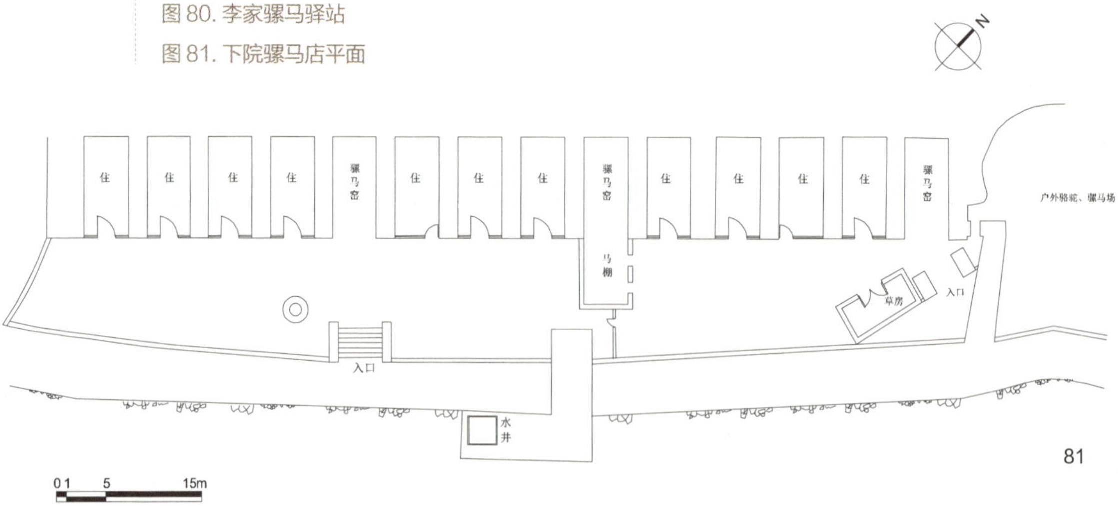

牲灵》，就源于此地。因便利的交通、特殊的位置，早期陕北红军曾在此地驻扎，毛主席东渡黄河时也途经这里。全村现在共计 136 户，530 余人，常住人口 120 余人，农业以红枣为主。据文献记载，沙坪上村以前的村口设置大石牌楼，精雕细刻，雄伟壮观，可惜也毁于“文革”。曾经入村要经过寨门，有一夫当关，万夫莫开之作用，后被拆毁。村子周围还分布着飞来石、黑水库、牛鼻山、河床古道大峡谷等多处造型奇特的自然景观，2014 年入选第三批中国传统村落名录（图 79）。

图 82. 正窑旁的石砌拱洞
图 83. 昔日的户外骡马场
图 84. 水井

82

83

84

李家骡马驿站是村中最大的一处驿站（图80）。由山西碛口转运的物资，经佳县螅蜊峪渡口旱路输出时，骡马或骆驼走一天，天黑时所到的第一站便是沙坪上村。李家骡马驿站位于紧邻村道旁的山坡上。顺山坡而上，先看到的便是下院骡马店。进入石砌门洞，下院院落很是宽阔。14孔窑洞一字排开，其中三孔为骡马窑，其余均住人（图81）。正窑旁，有一个不大的石砌拱洞，穿过后便是一片宽阔的户外骡马场，可以想象当年人马往来的盛况。据宅院后人们讲，这片户外骡马场的地面，原来埋着许多拴牲口的石桩子，后来随着公路的发展，村前的骡马大道逐渐衰落，那些石桩子也不知所踪，只留下荒草丛生的空地（图82、83）。下院内草房、马棚、水井一应俱全，用于招揽来往的人畜休养和补给。水井的位置极为有趣，需穿过跨于大路上的桥洞才可抵达（图84）。

沿陡坡继续往上，即到上院平台。上院是由主院和东、西跨院围合而成。主院内的正窑是五孔细面子石窑，满拱大窗。挑檐石上架起的单坡屋面，筒瓦铺顶，花砖脊饰，猫头滴水（图85～87）。东、西厢窑各三孔，但形制不同。东厢为明柱抱厦结构，挑檐深远，檐下可用来晾晒红枣。西厢与正窑一样，为石挑雨檐（图88、89）。因建筑等级不同，三处窑顶脊饰纹样有所差异。正窑顶上采用的是一种装饰性强的草龙纹，此纹饰十分罕见，优美灵动，整个陕北，只在沙坪村的几处李家大宅内出现。而厢窑顶上采用的是陕北最为多见的莲花纹脊饰（图90）。五开间的倒座是砖木结构单坡顶，莲花砖脊饰，筒瓦铺顶，猫头滴水。两侧山墙墀头用砖雕戗檐板进行装饰，中间开隔扇门，其余为墙窗（现门窗格局并非原貌）（图91）。再来看正大门，起脊大门上三雕艺术精美，屋脊上采用了和正窑一样的草龙纹饰（图92）。山墙内侧的廊心墙上以砖雕龟背纹装饰，寓意长寿吉祥。

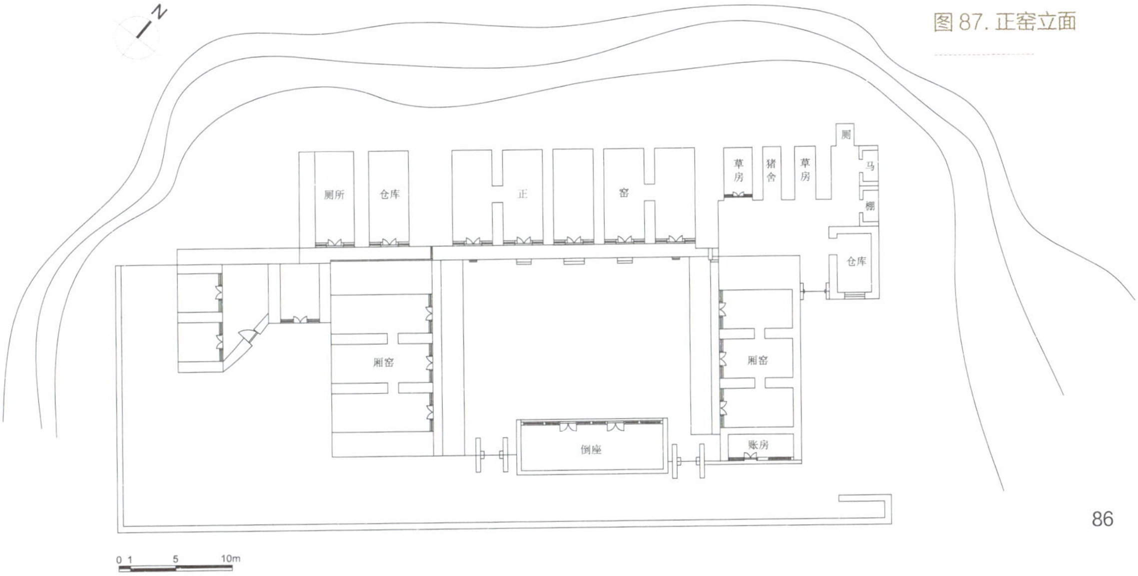

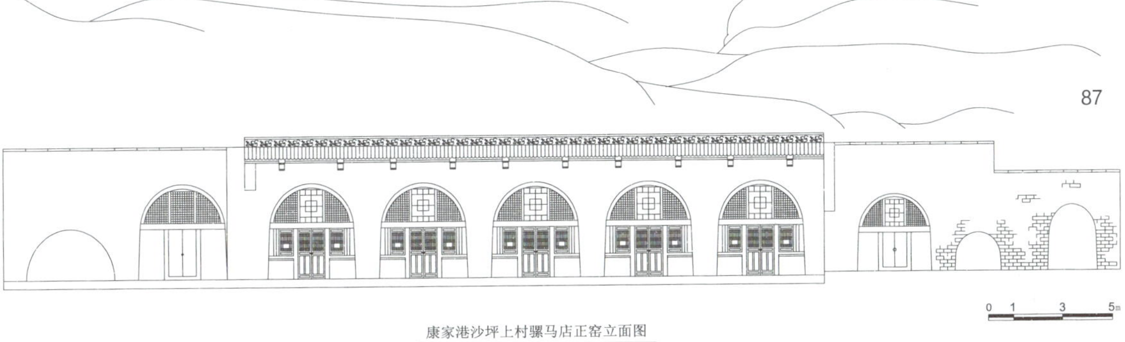

康家港沙坪上村骡马店正窑立面图

图 85. 上院平台

图 86. 李家大院平面

图 87. 正窑立面

88

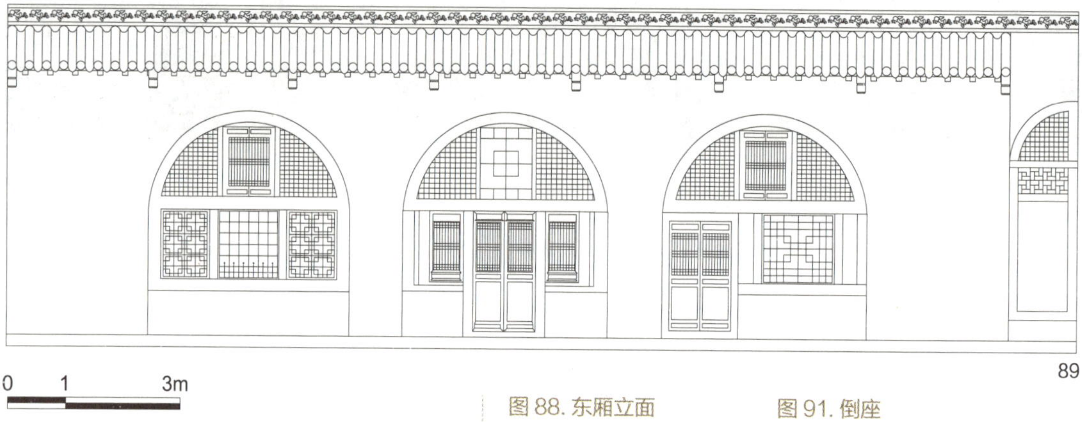

89

图 88. 东厢立面
图 89. 西厢立面
图 90. 正窑顶草龙脊饰
图 91. 倒座
图 92. 大门屋脊
图 93. 门朝外的账房

90

92

91

93

东跨院内分布着草房、鸡窝、猪窑、骡马窑和仓库，一幅生动的农耕生活画卷，有独立小门，可直通院外。西跨院内为仆佣住所。与其他明清大宅院的高墙围合相比，李家大院部分建筑朝向外，与主家从事驿站经营密不可分（图 93）。

整体来看，李氏先祖农商并举，依托村前骡马大道的区位优势，巧妙布局。李家骡马驿站依山就势，巧妙地将商业与民居建筑相融合，形成功能完备、动线清晰的建筑格局。它蕴含着独特的驿站文化，是清代陕北典型的商住结合的大宅院。

（七）佳县佳芦镇张家大院

佳芦镇位于黄河与佳芦河交汇处，是佳县政府所在地。自宋元丰五年（1082）始筑葭芦寨，佳县建城已有近千年历史。张家大院又称作张枢故居，始建于清嘉庆年间（1800 年）。据张氏族谱记载，张枢是清乾隆五十九年（1794）文科举人，曾任浙江青田知县，张家大院为张枢浙江任职后第六年，调集浙江工匠而建，可见张家雄厚的经济实力。原大门外有一座影壁，且门外的围墙上曾嵌附一座“敬字炉”，表达宅主对文字的敬畏，因历时久远，大门外的这些建筑构件早已不复存在。张家大院坐落于佳县县城，规模宏大，布局清晰。它是窑房结合的四合院，由正窑、厢窑、阁楼、厢房、倒座厅房、祠堂、南厅房、碾院、磨院、大门和二门等组成，占地面积 1008 平方米。宅院坐东北向西南，西侧设有大门和二门。宅内原有南北大厅房，主窑和厢窑上有二层楼阁，但均已遭拆除，遗址可辨。从现存的大门、影壁及窑洞建筑的规模及气派，足以想象张家大院昔日的辉煌（图 94、95）。

张家大院可谓历经沧桑。1941 年至 1943 年左右，二层楼阁因不幸

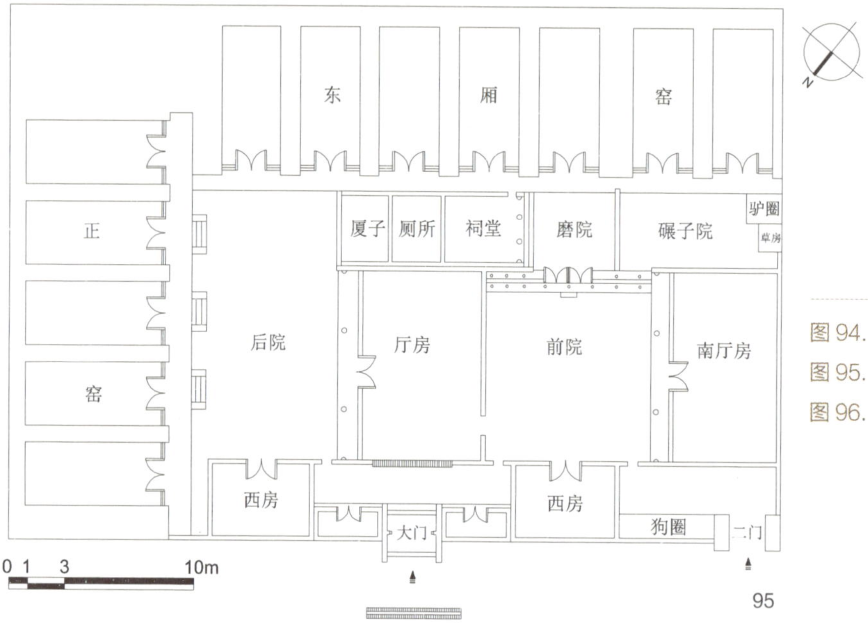

图 94. 张家大院

图 95. 张家大院总平面

图 96. 张家大院三维复原模型

被日本人扔出的炸弹砸中，当时便形成 1.5 米左右的大洞。1947 年胡宗南部为进攻陕北，给部队空投军粮时，扔到了倒座厅房上，又被砸出大洞。随后的土地改革中，张氏后人因地主成分，遭到清算，生活难以为继之时，便将倒座厅房拆卸后卖掉，换回能活命的粮食。1951 年前后，因炸弹袭击而毁坏的二层楼阁也被拆卸后卖掉。随后几十年间，由于张氏一族人丁兴旺，大院逐渐不能满足子孙后代的居住需求。1982 年左右，因南厅房不能住人，又占地较多，人们便将其拆掉，用拆下的砖瓦木料，另择地修了两孔窑来居住。张家是清代佳县一带首屈一指的富户，其大院变迁的历史，是陕北社会发展的一面镜子（图 96）。

张家大院正门是砖木结构双坡硬山式，五脊六兽、猫头滴水。由于宅基地抬高，外檐下设置三级石阶，使大门更显高大威武。为了显示财富与实力，大门上的装饰非常精致。戗檐板上的“童子骑凤”的图案，有太平如意的含义。戗檐板至砖雕须弥座之间，采用各种植物、动物和人物的画面来进行装饰。其中“送财童子”的砖雕，构图新颖别致，寓意财源滚滚来。紧靠须弥座的石榴纹花砖，表达宅主多子多福的期盼。再看须弥座，它结构复杂、雕饰华丽，令人叫绝。整体分上下枋和中间

图 97. 山墙墀头装饰

图 98. 外檐下木结构

图 99. 大门装饰

97

98

99

100

101

102

图 100. 影壁

图 101. 张家大院一层立面

图 102. 后门

束腰部分，主雕饰集中在束腰上，分别是“凤戏牡丹”“骏马奔腾”和“荷花鹭鸶”。上下枋也加工成“工”字形的小须弥座，表面饰有连续的云纹、带枝叶的花卉以及象征多子多福的“鼠食葡萄”图案。座顶部分雕成屋檐造型，就连位于座底的三块包袱角上，也被几何与花卉图案填满。整个大门墀头的装饰，由屋檐下的戗檐板开始，往下延伸，一直到最下端的包袱角砖雕结束，充满了山墙墀头的近一半，装饰效果强烈（图97）。砖雕装饰内容包含了宅主对平安、如意、财富、子嗣及功名的寄望。高浮雕龟背纹廊心墙，有吉祥长寿的寓意。檐下斗栱两侧饰以花板，其上“麒麟”和“狮子”的形象，灵活生动。外檐柱间的“骑马雀替”上，大幅的“凤戏牡丹”图案寓意夫妻和谐，吉祥富贵（图98）。门板上铁艺的门钉、门钹和角花，以及门上的菊花门簪，丰富了大门所表现的人文内涵。门头匾额题刻“光前裕后”四个大字，苍劲有力（图99）。

门内正对一座大型影壁。壁心浮雕“福禄寿”三星，四周刻有“八仙”“骏马”“双鹿”“双鹤”和“犀牛望月”等吉祥图案；壁顶为双坡硬山顶，雕花脊子，两端置正吻。整个影壁高4.5米、宽4米，体量硕大，雕饰精美（图100）。影壁两侧对称设置拱券式门洞，分别通往前院和后院。后院是宅主生活的场所。正窑5孔，坐于0.6米高的台基之上。满拱大窗上采用双平戗结构，使室内采光极好（图101）。东厢窑7孔，满拱大窗，单平戗结构。正窑及厢窑的二层，原建有砖木结构楼阁，现仅残存局部后墙，正窑的东侧还留有通往二层的门洞。后院与前院由过厅相连相隔。前院主要是仆佣居住、粮食加工及饲养牲畜的场所。南厅房则用于接待宾客和举办大型家庭宴会。前院东南有磨院和碾子院，是粮食加工之地。后门位于院落西南角，砖石结构，双坡硬山顶，五脊六兽，门洞上的石匾上刻“敦厚”二字（图102）。

张家大院是佳芦镇规模最大、保存最完整的清代民居，其建筑布局精巧独特。对研究清代建筑的布局、功能和装饰均具有重要的实物价值。

（八）中高家庄高家大院

中高家庄地处黄河以西 12 公里，属吴堡县辛家沟镇，以高家大院著称。高家先祖是从山西大槐树迁移而来的，大约在清朝雍正元年，高氏一族已经落足中高家庄村，并开始了营建活动，至今已有 300 年历史。据家谱记载，宅院的修建者高家善，是清朝同治年间秀才。年少时因随舅舅到甘肃、内蒙古等地做生意，数年之后，腰缠万贯，富甲一方。返乡后便买田置地，修建了三座宅院，分别给儿子高永谦、高永俊和高永全。

103

图 103. 高家大院
图 104. 高家大院三维模型

上院东分给高永俊，上院西分给高永全，中、下院分给高永谦。现上院保存完整，第六代高氏后人居住于此。

高家大院上院依山而建，始建于光绪三十一年（1906 年），建筑面积约 1200 平方米。宅院坐东北向西南，是由正窑、厢窑、倒座窑及大门围合而成的单进式四合院（图 103、104）。虽然是单进院，但宅院布局构思巧妙。只见宅院大门没有夹于两侧倒座窑之间，而是整体向外推移，然后又旋转一定角度而成。通过大门位置的变化，打破了单进院的呆平，创造了空间的变化，同时又避免了大门与宅院相冲，保证院内生活的私密性。

这个砖木结构大门，因门屋的深度小，屋檐变得十分陡峻，形成极有特色的屋顶式样。这是一座装饰得十分精致的大门。双坡屋顶上筒瓦铺顶，五脊六兽，猫头滴水。正脊自下而上共三层装饰，最下层是线雕如意瓦头；中层是几何纹大方砖形成的装饰带；上层是雕花脊砖。在雕花脊砖上还采用了圆雕与高浮雕相结合的技法，使所雕刻的莲荷、牡丹和菊花花瓣饱满硕大、立体生动。正脊的两端饰以龙形鸱吻，正中还设置了一个镇宅石狮，再加上屋角上的四只石狮子，使这座大门的屋顶装饰成为陕北地区最为讲究的。与普通雀替相比，大门檐柱与额枋间的雀替，加高不少，这使雕饰面积增大，表现内容更加丰富。两个雀替上“凤戏牡丹”的图案有夫妻和睦、富贵吉祥之意。檩枋之间，三攒斗栱既有实用功能，同时又是装饰构件。斗栱间的花板上，以透雕的技法，形成了两个圆形的图幅，其中分别以“书”“画”形象进行装饰，寓意书香门第。从檐下木结构表面上斑驳的痕迹，依稀还可以看出当年这座大门不凡的彩画风姿。门头匾额上蓝底金字“積善餘慶”，表达的是宅主积德行善、恩泽子孙的主张。门扇上的四根铁条装饰，既是功能构件，同时又具装饰性。其端头以蝴蝶和立体铁艺花朵进行装饰，极具新意，同时兼具浪漫的文

105

106

107

108

图 105. 大门
图 106. 檐下木结构
图 107. 墀头
图 108. 门额
图 109. 门扇上的蝴蝶与花朵

109

人气质。再看山墙墀头上，“琴棋书画”以及“莲荷”纹装饰，表达宅主洁身自好和修身养性的人生追求。门礅石饰以菊花，柱础石雕以鼓形，所有这些雕刻及装饰，使整座大门显得既精致美观，同时又具有丰富的人文内涵（图 105 ~ 109）。

院内正窑和厢窑都建于台基之上。正窑的台基更高，以显示建筑的核心地位，院内石板铺地。正窑为明柱抱厦形制，屋檐挑出 3 米，13 根粗壮结实的露明柱撑起挑出的屋檐，下面鼓形柱础石承托。屋顶上花砖鸱吻，筒瓦铺顶，猫头滴水。正窑是“明七暗八”的结构，实际上有 8 孔窑，但露明的只有 7 孔，其目的就是将窑洞的数量巧妙地避开偶数“8”，而采用奇数“7”，这体现了“奇数为阳”的传统术数观念。所有正窑的窑门全部开在左侧（相对窑洞来说），形成室内“左手炕”的布局（即人进门后左手边为炕）。据高氏后人讲，先祖在修窑时，为了保证窑体结构的稳定性，8 孔正窑的深浅都不一致，深的可达 15 米，浅的有 8 米，足见陕北民间营建窑洞的智慧。东、西厢窑各两孔，深约 5 米，为粮仓和储物空间，有的也可住人。大门东侧的两孔倒座窑，是草房和马棚，而大门右侧的 6 孔倒座窑中，除一孔打通后，形成进出通道外，其余几孔分别是马棚、草房、羊圈和猪圈，最西边的小窑是厕所。倒座窑全部为石板窑檐，因建筑等级最低，建筑以功能为主，没有多余装饰。中高家庄高家大院内住窑、仓窑、马棚、草房、羊圈、猪圈、鸡窝和厕所等一应俱全，人畜行走分离，功能完备，布局合理，是陕北极为典型的阔院式单进宅院，它生动地描绘了一幅陕北黄土高原上的农耕生活场景。

V
无定河流域古民居

无定河流域古民居概况

无定河流域古民居实例

壹

无定河流域古民居概况

无定河，是陕西省榆林市境内最大的河流，黄河一级支流。它发源于定边县白于山北麓，上游叫红柳河，流经靖边新桥后改称为无定河。它曲折迂回，流经定边、靖边、横山、榆阳、米脂、绥德、清涧七县（区），越过沙漠和千万个丘陵沟壑、山头梁峁，沿东南方向，最终在清涧高杰村镇河口村汇入黄河。无定河南岸支流长且多，其中大理河最大，发源于靖边县白于山的东侧，流经子洲县城，于绥德县城附近汇入无定河。因与西夏相邻，又穿梭于农牧交错带，从秦汉到宋、明，无定河一直是中原汉族与北方游牧民族反复争夺的热土。在这胜负之间、进退之时，便有了游牧文明与农耕文明两种文化的碰撞、交流与交融。这条并不算大的河，在古人类的进化过程中，在华夏社会变迁和人类文明进程中有着十分重要的位置，是榆林人民的母亲河。唐朝诗人陈陶著名的《出塞行》：“誓扫匈奴不顾身，五千貂锦丧胡尘，可怜无定河边骨，犹是春闺梦里人。”今日读来，仍被诗中无定河所蕴含的悲悯和凄美所震撼。无定河流域分布着明长城沿线的 36 营堡，是其战略位置显要的见证。依靠无定河便捷的水利设施，地处下游的米脂、绥德被誉为黄土高原的粮仓，陕北文化的高地。

明清时期，陕北边贸活动兴盛。从黄河对岸来的货物到达码头后，除了部分内销外，很大部分通过人力、骡马或骆驼，经过陕北，最终输送至内蒙古、宁夏和甘肃等地。返程时，再把当地特产带回，经黄河运至山西，再输送至全国各地。

黄土高原山大沟深，人行走尚且十分不易，更别说负重的人与牲口，以及长途的跋涉。人们发现河流两岸不仅地势较平坦，而且人畜饮水方便，同时不易迷路。因此，陕北境内的无定河、大理河、窟野河、秃尾河、佳芦河等大大小小的河流沿岸，便成了脚夫、骡马队、骆驼队优先考虑的行走线路。无定河因由北至南跨越横山、榆阳、米脂、绥德、清涧等县区，成为一条货物输送大道。据考察，明清时期，吴堡渡口的货物，大多沿“吴堡渡口—路家洼—田家岔—义合—三十里铺—绥德”线路运输。到达绥德后又分为两路，一路沿无定河北上，直达内蒙；一路沿大理河西去，经子洲、横山、靖边和定边等地，最终到达宁夏和甘肃。佳县螅蜊峪渡口的货物，沿“螅蜊峪渡口——康家港——吉镇——杨家沟”线路输送至无定河沿岸。佳县木头峪及峪口渡口的货物，通过“峪口——乌镇——沙家店——镇川”线路到达无定河沿岸。神木渡口的货物，沿境内秃尾河和窟野河沿岸，输送至内蒙古。府谷渡口的货物，则沿孤山川、清水川和黄甫川等沿岸，输送至内蒙古。可见，陕北境内的河流，就像流淌在黄土高原身体里的血脉一样，为边贸活动的兴盛繁荣创造了天然的输送线路。受经济活动影响较大的陕北古民居大宅院，则呈现出沿无定河流域分布的特征。

贰 无定河流域古民居实例

（一）刘家峁姜氏庄园

姜氏庄园是陕北最大的地主窑洞庄园，位于桥河岔乡

图 1. 姜氏庄园

刘家峁村，距米脂县城东 16 公里。建于清同治至光绪年间（1871—1886），历时 16 年完工。建造者为姜耀祖（1860—1928）父子，占地面积 2.6 万余平方米，是全国最大的城堡式窑洞庄园。姜氏庄园三院暗道相通，四周寨墙高耸，对内相互通联，对外严于防患，整个建筑设计奇妙，装饰精湛，布局合理，浑然一体，是中华汉民族建筑的瑰宝，中国最美的十大民居建筑之一。1998 年，姜氏庄园以 1：1 的比例仿建于北京中华民族园。2001 年 6 月 10 日，中央电视台《东方时空直播时刻》栏目向全球直播报道，被国内外专家、学者和游客誉为“西部民居第一宅”。2006 年 5 月 25 日被公布为第六批全国重点文物保护单位（图 1）。

姜氏庄园高踞山坡之上，自台阶下仰望寨门，很有气势。它三面环山、一面临沟、据险扎寨、易守难攻。自山脚至山顶，庄园依山而建、依势而就、高低错落、大气磅礴。整个庄园由城垛式寨墙、涵洞、马面、井窑、炮台、下院、中院、上院、仓窑、碾磨院、葡萄院、厨房院、仓

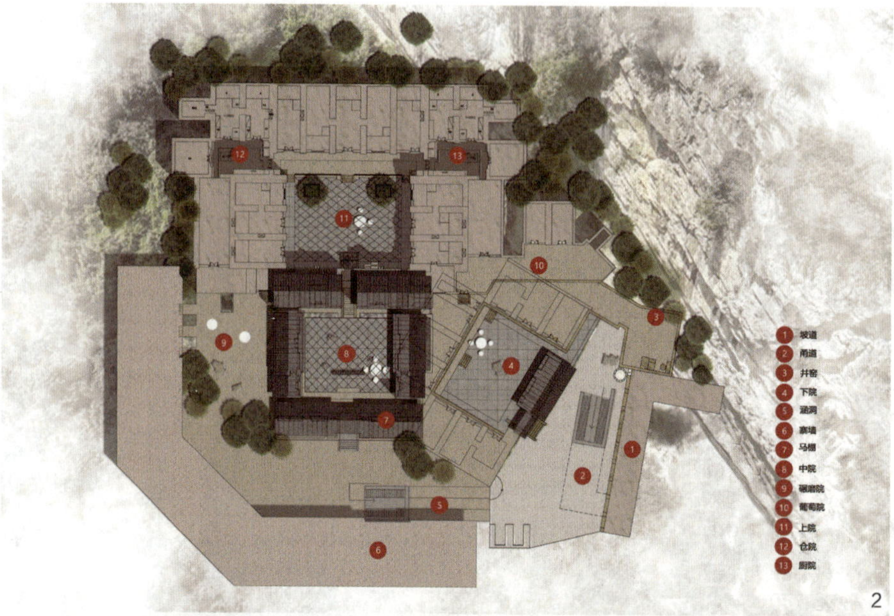

图 2. 姜氏庄园总平面

图 3. 门外坡道

图 4. 门额题字

图 5. 寨门立面

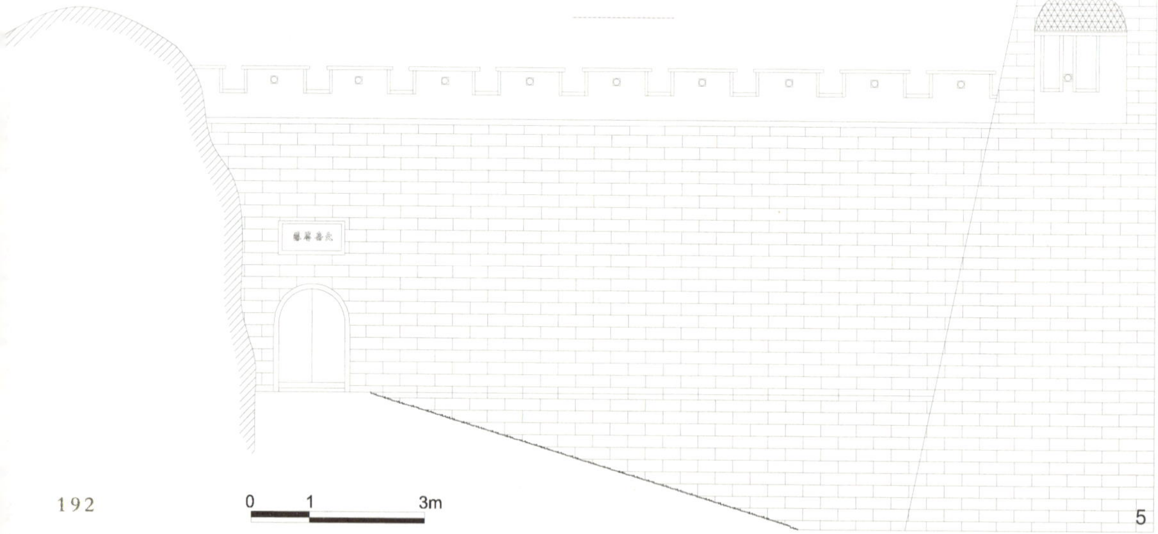

库院和甬道等建筑构成。从山麓下先直上，再左折，便可到达城堡寨门。入口路面宽约 4 米，中间用片石排列竖插，两旁为步行台阶，既方便车马通行，又利于泄洪排水。入口处是由块石垒砌而成的长 24.3 米、高 9.5 米的寨墙，寨墙上筑城垣垛口，便于观察射击，下为姜氏庄园拱券式门洞，门额石匾书“大岳屏藩”，由姜耀祖亲题。“岳”取自姜耀祖别名姜海岳，“藩”取自儿子姜树藩，“屏”为庇护之意，四字工整遒劲。进大门，经高大涵洞斜上，可拾级登临前院外平台（图 2 ~ 5）。

井窑位于前院以东，与寨墙相连。石砌的井窑，自下而上分为三部分：基座、井窑和女儿墙。它相当于城防系统的“马面”，突起于寨墙之外，便于在窑内观察和射击。井窑宽 4 米、高 5 米，其内井深百尺，是庄园内人畜用水的唯一水源。进入井窑，迎面是铜钱纹样的灰瓦窗格，使采光、通风与美观兼备。外侧窑腿上掏出两个小窑，一个窑内置辘轳、水井及石槽，顶部留方口，这是上院佣人从下面的石槽内二级取水的装置，设计精妙；另一个窑内如同保安室，既可通过窗口监视庄园入口情况，又可通过窑顶方口，拉响铜铃警报。井窑里侧与山体相接，两个拱券式小洞内是藏匿财宝之所。井窑地面留有下水及检修口。抬头看，井窑顶上置二梁，是为悬挂轿撵而设，还有两个石锁，则是姜耀祖为延续

图 6. 井窑室内

图 7. 汲水设施

6

7

武举世家荣耀，为儿子设置吊沙袋练功之用。小小的一方井窑，将军事、技术与艺术融于一体，其巧思精构，令人叫绝（图6、7）。

下院又称管家院，坐西北向东南。外墙上一排石锁，是为收缴租子时拴系骡马而设置，不难想象庄园内收租时的盛况。下院大门为双坡硬山顶，五脊六兽，筒瓦铺顶，猫头滴水，很是气派。门头匾额题“大夫第”（姜耀祖捐官），由清代书法大家史年佑所题，可见宅主的社会地位。水磨青砖的山墙墀头上，“福禄寿喜”“狮子绣球”“五福捧寿”“牡丹富贵”“福寿双全”等图案，雕刻精美。檐柱间外雀替以“凤戏牡丹”装饰，内雀替以“夔龙”纹装饰，是清朝慈禧太后主政时，政治上的龙凤异位

8

11

9

10

12

在建筑上的体现。两侧抱鼓石上，鼓肚外突，鼓钉清晰可见。朝外的鼓肚上雕刻铺首衔环，环上有缨子，鼓面雕以“双龙戏珠”，垫布四角下钻出几只小石狮，顽皮可爱，下垂的包袱角上，以夔龙纹和寿字纹装饰，须弥座上再以“金猴立顶”装饰。整个大门装饰精美，雕艺精湛，集中反映了宅主对福、禄、寿、喜的人生追求。下院内由正窑、东西厢窑及倒座马棚围合而成，既是后辈就读的私塾所在，又是管家及佣人居住之所。正窑边腿上，有一个石券小门洞，是通往中院与上院的阶梯暗道，既防晒又遮雨，是内部人员往来及孩童上、下私塾的步行通道。下院平台外，又经一涵洞，便登临至中院平台（图 8 ~ 12）。

图 8. 下院大门
图 9. 大门装饰
图 10. 下院
图 11. 下院大门抱鼓石
图 12. 暗道
图 13.“保障”门
图 14. 中院大门
图 15. 中院大门墀头
图 16. 中院大门抱鼓石
图 17. 中院大门木雕
图 18. 中院大门山墙顶部装饰

13

14

17

15

16

18

中院大门外，一道石砌寨墙高高矗立，高 10 米，长 31 米，下筑石券门洞，上书“保障”二字。一旦外敌攻入，人们可通过“保障”寨门，经涵洞暂避后山，然后依据后山有利地形，控扼并组织反攻，以收复庄园。庄园大门口的第一道寨墙与这中院外的寨墙一起，形成了一个“防御—暂退后山—组织反击—收复宅院”的环环相扣的防卫体系，体现了在动乱的社会环境下，宅主居安思危的防范意识。中院仍是水磨青砖砌筑的大门，起脊双坡硬山顶，五脊六兽，猫头滴水。匾额题“武魁”，是为纪念姜耀祖叔父曾得武举的荣耀。墀头砖雕“福禄寿喜”“麒麟送子”“天官赐福”“缠枝牡丹”“双狮滚绣球”“石榴”和“寿桃”等，廊心墙处砖雕“蝴蝶流云”。

19

20

图 19. 中院影壁

图 20. 影壁砖雕

大门外雀替雕“凤戏牡丹”，内雀替雕“夔龙”，这“凤外龙内”的雕刻，是清末政治上龙凤异位的又一次体现。门礅石上雕“麒麟吐书”“双狮捧面”等。整座大门三雕艺术精湛考究，人文内涵丰富（图 13 ~ 18）。进入中院，一座水磨青砖影壁矗立在前，方形影壁，中开月洞门，暗合“天圆地方”的天地观念。影壁正面额枋砖雕“旭日东升”，寓意庄园将蒸蒸日上；栱眼壁饰砖雕“文王访贤”，是主人以姜太公自喻；影壁背面额枋饰以“琴”“棋”“书”“画”砖雕，寓意书香门第；背面拱眼壁饰砖雕“赤练丹心”，则表达宅主一片赤诚之心（图 19、20）。

中院是庄园对外接待的场所，与上院以垂花门相连相隔。两院呈中

21

22

图 21. 中院及上院
图 22. 中院正窑内传唤窗口
图 23. 中院厢房
图 24. 厢房砖雕

23

24

轴对称布局，中院大门、影壁、垂花门和上院主窑则位于中轴线上。中院是由正面两孔窑洞、东西厢房和倒座马棚围合而成的四合院。正面两孔窑相当于现在的接待办公室，负责客人的饮食起居等事宜。在窑内后墙的上方，有一方形小窗，是上传下达的传唤口，上院的主人足不出户，通过此处传达命令，设计巧妙。东、西厢房及耳房，为接待宾客及处理家庭对外事宜的场所。据实测，东厢比西厢高 0.3 米，这是古代“昭穆制度”在民居中的体现。作为对外的窗口，中院厢房上的木雕和砖雕艺术令人称道。东、西厢房及耳房的窗棂上，以“万世基业”“步步锦”和“万字不断头”图案进行装饰，寓意家业兴旺、锦上添花；墀头砖雕“耄耋遐寿”“喜报三元”“荷花鹭鸶”“鼠食葡萄”“福在眼前”等图案，

25

26

图 25. 葡萄院

图 26. 碾磨院

寓意宅主对长寿、康乐、子嗣绵延以及考取功名的人生理想。东、西厢房的横梁端头上分别撰写“福禄”“祯祥”“整洁”和“长发”，可见宅主在建筑装饰上，真可谓是不惜笔墨（图 21 ~ 24）。位于东厢房背后的东跨院，坐落于下院的窑顶，因院内种植葡萄，又称作“葡萄院”。只见一排窑洞坐东北朝西南，中间的一孔大窑洞是东仓窑，窑高 5 米，宽 4.7 米，进深 14 米，室内布置 12 个大石仓以及坐于仓顶的小石仓，按每仓储量 50 余石计算，这一个仓窑可储粮达 1200 余石（折合 7 万余公斤）。中院以西的跨院内，还有一座同样规模的仓窑，可以想象姜家储粮之富足、财力之雄厚。据村中老人讲，在灾荒之年，姜老爷曾开仓布粮，赈济灾民，还算得上是开明地主。葡萄院内另有两孔小窑洞，据说是培植葡萄专用，足见姜家生活档次之高（图 25）。西跨院又称“碾磨院”，院子中间置石碾子和石磨盘。靠崖有一排小窑洞，有的放置筛米罗面的用具，有的放置农耕器具。其中一孔窑洞，从外看来，并无二致，其内暗藏玄机。这孔窑洞的内部挖有暗道，即“窨子”，直通后山，又是一处危急关头避险的暗道。正面台阶之上的大窑洞，便是西仓窑，它靠于西厢窑之后，窑内布局与东仓窑相同（图 26）。

垂花门位于中院以上 2.25 米，踏 15 级青石台阶而至。它界分内外，建筑华丽。卷棚屋顶，猫头滴水，两条垂脊上饰有四只兽头。门前短柱倒悬，柱头雕垂花。两垂柱之间，有“牡丹”“夏莲”等镂空花板和“富贵”纹雀替，雕饰精美。门头匾额题“武魁”，是为纪念姜耀祖曾祖父得武举的荣耀。寿桃形门簪与方形门礅石遥相呼应。门礅石上雕刻“荷花鹭鸶”“凤穿竹林”“鹤鹿同春”“牡丹富贵”“福寿延年”等图案。黑色的门框，绿色的门扇，与门檐下的彩绘一起，将这座内宅之门装点得格外富丽华贵。垂花门两侧砖墙上各设一座神龛，用以祭祀天地神位。墙檐用槽砖、弓砖、圆砖和方砖层层挑出，精工细作。廊心墙上，分别

图 27. 垂花门
图 28. 垂花门装饰
图 29. 垂花门门墩石

为“鹿奔松林”与“鹤唳寿石”砖雕。两幅画面中，一幅有鹿，一幅有鹤，构成了“六合同春”；而一幅含日，一幅含月，又构成了“日月同辉”，寓意国泰民安、福寿无疆。为了保证内宅的隐蔽性，垂花门内檐柱间安装四扇屏门，只在家族中有重大仪式，如婚、丧、嫁、娶时，才将屏门打开之外，其余时间则关闭，人们走屏门两侧进出。如此便充分起到了既沟通内外宅，又严格地划分空间的作用。门内匾额题“安乐居”，表达主人安居乐业的期望（图 27 ~ 29）。

上院为宅主及家眷生活场所，格局为陕北最为典型的“明五暗四六厢窑”制式，院落宽展、舒适，采光与通风俱佳。“明五”指正面五孔窑，地基高出院落 0.6 米，以突出其地位，中窑为主窑，最为尊贵，其余窑则按左尊的习俗来安排。“暗四”指正窑两旁的套院内暗藏的四孔空窑，是厨窑和仓窑。“六厢窑”则指东西各三孔厢窑，多为晚辈居住。这“明五暗四六厢窑”格局，合数为 15，为单数，分开来说，正窑数（5）与厢窑数（3）亦是单数。在我国传统理念中，单数为阳，有增加的含义，隐含“人财两旺”的吉祥寓意。东厢窑北端，外接一孔烟窑，专为吸食鸦片而设，内置精致的烟枪、烟灯等工具。在清朝，吸食鸦片是一种身份的象征。殊不知，就是这鸦片不仅磨灭了姜家创业奋发的意志，还使几辈人积累的丰厚家产，被挥霍一空。上院围墙上的东侧小门，直通中院和下院，西侧小门内为厕所。上院的建筑装饰主要体现在窑洞门窗上。除了“枪头梅花格”“三交嵌牡丹”等典型窗格纹样外，“寿”字亮窗与“万字格”“丁字格”“工字格”“如意格”等组合成的门窗图案，于统一中求变化，在变化中求统一。上院青石铺地，院前，曾植有两棵大槐树，树下置一大石床。床下四周，石槽环绕，注入清水，犹如护城河，人睡其上，可防虫、蝎侵扰，设计十分科学。东套院，又称厨房院。门头扇形匾额，题“养廉”二字，是培养廉洁品德之意。院内正面的两孔窑内部相连通，前窑为厨师居住，后窑为厨房。灶房的进水、出水口，采用石雕的鱼头和鱼尾来装饰，美观实用又寓意吉祥。院中石板铺地，石台面，石餐桌、石水仓等，一应俱全。背墙处有一孔小窑，石板封口，开小木门，是食品冷藏室。西套院，又称库房院。门头扇形匾额上题“讲让”二字，是讲劝礼让之意。院内正面两孔窑内，均布置大石仓，是存放五谷杂粮

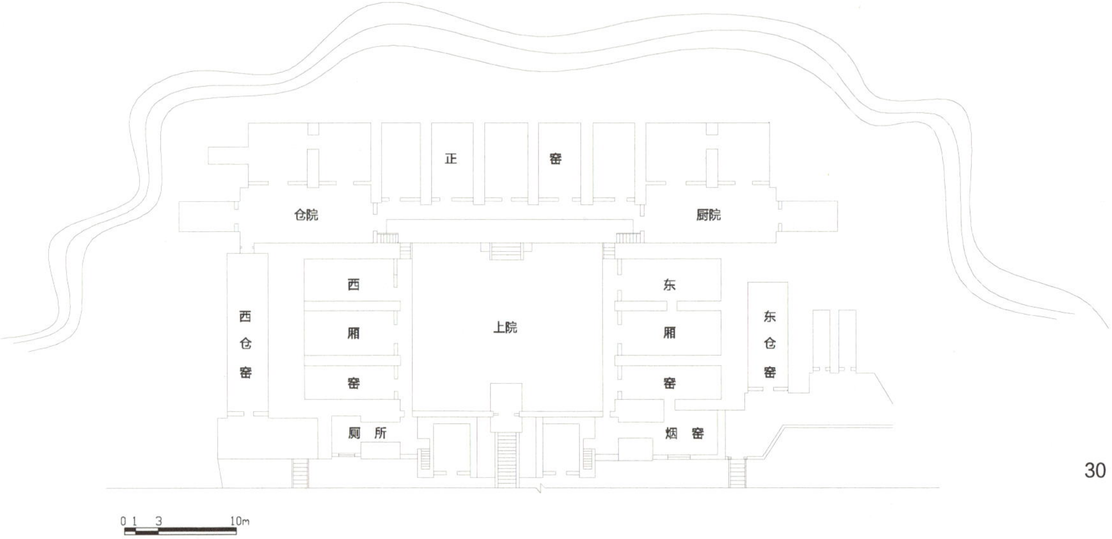

30

31

32

33

34

的库房。院中石板铺地，石台、石桌、石仓，布置齐全、使用方便（图30 ~ 34）。

姜氏庄园规模宏大，选址讲究。院内套院、窑内套窑、门外套门、门内有门，院落布局千变万化。每一块匾额都有讲究，或阐述一个道理，或写出一片心境，可谓是“求工于一笔之内，寄情于点画之间”。无处不在，无处不精的砖、木、石三雕艺术，更是巧夺天工。明道相连，暗道相通的道路体系，建筑与军事防御的完美融合，使这“西部民居第一宅”的称呼名副其实。

（二）高庙山常氏庄园

常氏庄园位于米脂县城以北 12 公里处的高庙山村。米脂当地流传一

图 30. 上院平面
图 31. 上院正窑
图 32. 石床
图 33. “讲让”门
图 34. “养廉”门
图 35. 常氏三大宅院
图 36. 常氏庄园

句俗语：“常一千、艾八百，高杜各占半条街。”说的就是地主常维兴，他拥有土地5000垧，经营镇川、米脂城的“复盛祥”铺面，是米脂有名的大地主。清光绪三十四年（1908）至民国初年，由常维兴和儿子主持，在高庙山村先后建成三个独立窑洞宅院。其中，由三子常均和四子常俊（彦丞）继承中心宅院，长子常英继承后山宅院，次子常耀、五子常杰继承东侧宅院（图35）。三个窑洞宅院中，三子、四子继承的中心宅院，是仿刘家峁姜氏庄园而建，结构紧凑，布局巧妙，占地面积300多平方米。现在人们说的常氏庄园，指的就是这座宅院（图36）。其他两个宅院因院落结构不典型，名气并不大。

常氏庄园（中心宅院）坐落于垴畔山麓，坐北朝南。它背靠大山，似雄狮环抱，面朝冲沟，形成依山傍水之势。受地形限制，宅院向东西方向延伸，形成阔院布局。宅院前，采取“帮畔”的方法，形成9米高，80米长的齐整崖面，以稳固地基。大门前4米宽的硷畔，临崖一侧，由块石垒砌半人高的围墙。东西两侧的石砌门洞，是进出庄园的第一道关口。沿西侧车马道上坡，穿过石砌拱门，便进入常氏庄园。庄园大门外

图37. 庄园院前
图38. 庄园大门
图39. 墀头砖雕
图40. 抱鼓石
图41. 门簪

37

38

39

40

41

墙上，至今嵌布着十余个石锁，用于系拴骡马，可以想象当年庄园门前车马往来的喧闹场面（图 37）。常氏庄园为两进院落，呈中心对称布局，“大门—垂花门—上院主窑”形成宅院的中轴线。屋宇式的大门，块石为基，青砖砌墙，五脊六兽硬山顶，筒瓦覆顶，猫头滴水。山墙墀头上用砖雕须弥座和戗檐板进行装饰，题材有“五福捧寿”“天官赐福”“凤戏牡丹”等图案，寓意吉祥。门下抱鼓石的鼓面上以“麒麟吐书”进行装饰，表达对子嗣的期盼。檐柱间木结构年久失修，多有损坏，其上彩

47

图 42. 月洞门　图 44. 马棚院　图 46. 下院正窑　图 48. 垂花门
图 43. 倒座　图 45. 碾磨院　图 47. 廊心墙砖雕

画也模糊不清，但仍旧掩饰不住大门装饰上的精美。门外设置的五级石台阶，更使整座大门显得气度不凡（图 38 ~ 41）。下院正面四孔窑洞，为管家或仆佣居住，东、西两侧围墙开月洞门，东套院内设骡马棚及厕所，西套院内设碾磨坊，倒座则供宾客居住（图 42 ~ 46）。垂花门位于下院以上两米，踏 15 级台阶而至，其造型在借鉴姜氏庄园垂花门的基础上，又形成自己的特色。门头匾额题“务本敦伦”，表达宅主求根本、尽本分的家训。门下的两个大石狮门礅，雕艺精湛，给华丽的垂花门增添了一份威武（图 42 ~ 49）。上院是陕北典型“明五暗四六厢窑”布局。一线五孔正窑，坐落在高出上院 1.2 米的台基上，凸显正窑的核心地位。

49

50

图 49. 垂花门外景
图 50. 上院正窑

石挑檐合瓦顶，花格女儿墙。窑洞高 3.91 米，宽 3.56 米，深 8.08 米，满拱大窗，室内纳阳采光极为充分。东、西套院内，分别是厨院和仓院，与姜氏庄园上院格局相同。东、西厢窑高 3.49 米、宽 3.21 米、深 6.76 米，比正窑尺寸小。南围墙东、西两端拱形小门洞内，是两间厕所，中间两个方形门洞内，是上下窑顶的通道。上院门窗纹样简洁、大气，有“方格纹”“龟背纹”和“万字不断头”等（图 50）。

（三）杨家沟马氏庄园（扶风寨）

杨家沟位于米脂城以东 23 公里，是陕北最大地主集团马氏的庄园。全村 270 多户人家就有 72 户地主，占有周围四五个县的 18 万亩土地，是全国非常典型的封建地主庄园。杨家沟马氏以扶风寨为主，占据数十个山峁沟梁，规模宏大，气势雄伟。张闻天曾研究杨家沟地主经济，并著《米脂县杨家沟调查》。1947 年 11 月 22 日，毛主席和党中央来到杨家沟，把马氏的旧居作为总司令部，居住四个月，在这一期间作出的决策改变了中国的命运。中华人民共和国成立后，杨家沟成为陕甘宁边区最有代表性的革命纪念村，国内外众多学者，从生活空间、语言环境、社会关系、秩序构造等视点进行不同领域的共同调查，并发表相应论文。来自全国的电视台和视察团也纷纷访问这里。

明万历年末，马氏始祖马林槐从山西永宁州的临邑迁居至绥德州的马家山，艰难耕耘。其二门四世孙马云风，在耕耘土地的基础上农商并重，依托陕北重要商道“螅蜊峪—吉镇—何家岔—米脂—榆林”，用毛驴以吉镇为中心搞运输，干起了“脚户”营生。积累资金后，又以骆驼为脚力，在榆林通往东胜、包头的驼道上搞蒙汉交易(人称“边客”)，赚取差价，逐渐富裕。马云风极善经营，认为“放账收租，典地买地最是稳当”，因此其所得资金多用于扩张土地，为马氏后裔的生存和发展奠定了基础。几经辗转，马云风于康熙末年迁到米脂县杨家沟村。清同治六年(1867)，甘肃回民起义军马化龙部进入陕北，民心惶恐。为了家乡自保，马氏族人集资建寨，寨址选在寨子圪坮山上（即扶风寨）。寨子圪坮山是龙头凤尾的一座孤山，三面临沟。马氏族人修建南北两座炮台为龙眼，观星台（观察、指挥）为龙角，寨内掘井(预防被围困而断水)为龙嘴，以图吉利。南北修建双套寨墙，各设两个城门，南城门有“骥村”门和“扶风寨”门。还准备在北炮台下修建图书馆和游泳池，石料均已备齐，但因抗日战争爆发而停工。寨子当年便建成。扶风寨对外寨墙高耸，城门威严，严于防范；对内则民居古道、供水排水、讲堂祠堂、戏院广场……统一规划，依山造势，功能齐全，俨然如欲建万世之基的小社会。寨堡的围墙建成后，寨子圪坮上分给光裕堂大门子孙建

图 51. 杨家沟（扶风寨）

宅，其他子孙则分配到寨子外（二、三门的宅基地在水道沟，四门在寺沟，五门在阳坬）。其他子孙如果要在寨子上修建住宅，必须用耕地交换宅基地。扶风寨无论在选址、规划和设计上，都蕴含哲学理念，讲究风水地利，建设有瞭望台、炮台、水井等，三山拱围，易守难攻。社会动荡，为避乱，寨子上的古民居多仓促修建，不是很讲究风格。现寨子上有清代地主院落32院，最早的建于清嘉庆年间，大多数建于清同治年间（图51）。其中，大地主马师祖的依仁堂，是陕北地主窑洞大院的典型案例；窑洞革新家马醒民的新院，不仅是陕北，更是全国窑洞创新的典范；而重庆堂的选址、建造都极具陕北地域特色。

马师祖修建的依仁堂宅院，建于清嘉庆年间，占地面积 2099 平方米，建筑面积 698 平方米，坐落于被当地人称为寨子圪堵的扶风寨上。1993 年版《米脂县志》中，曾将其与刘家峁姜氏庄园、高庙山常氏庄园评价为“清代以来，农村建筑水平较高的三处庄院”。依仁堂修建时间最早，

图 52. 甬道边的小窑
图 53. 依仁堂

比姜园至少早50年以上，而常氏庄园又是在借鉴姜园的基础上，依形就势而建的。依仁堂位于扶风寨入口所在的“沟头”处，左右夹于两侧坡道之间，后靠山体，形成天然的三面围合之势。依仁堂坐北朝南，入口位于承德堂正窑的窑顶。独特的地理位置，使进出宅院时必须经过承德堂厢窑顶部狭长的甬道。扶风寨上寸土寸金，依仁堂院前充分利用空间，沿狭长甬道的崖面掏挖若干小窑，以放置杂物（图52）。

依仁堂为两进四合院落，结构紧凑，布局对称，因宅院内共有大小五个门，寓意“五福临门”，而被当地人广为传诵。宅院的正大门朝向东南，起脊花砖，五脊六兽，筒瓦铺顶，猫头滴水。雀替上以龙纹装饰，只见这只草龙的身体、尾和爪变化成卷草图案，睁眼吐舌，与牡丹枝叶相互缠绕，形成极富装饰感的民间龙纹图案。墀头上的砖雕须弥座以“天官赐福”图案装饰，再以“双龙捧寿”点缀，表达宅主对福、寿的期盼。檐柱间木结构上曾有彩画装饰，因历时久远，日晒雨淋，已然模糊难辨。门下两个素

54

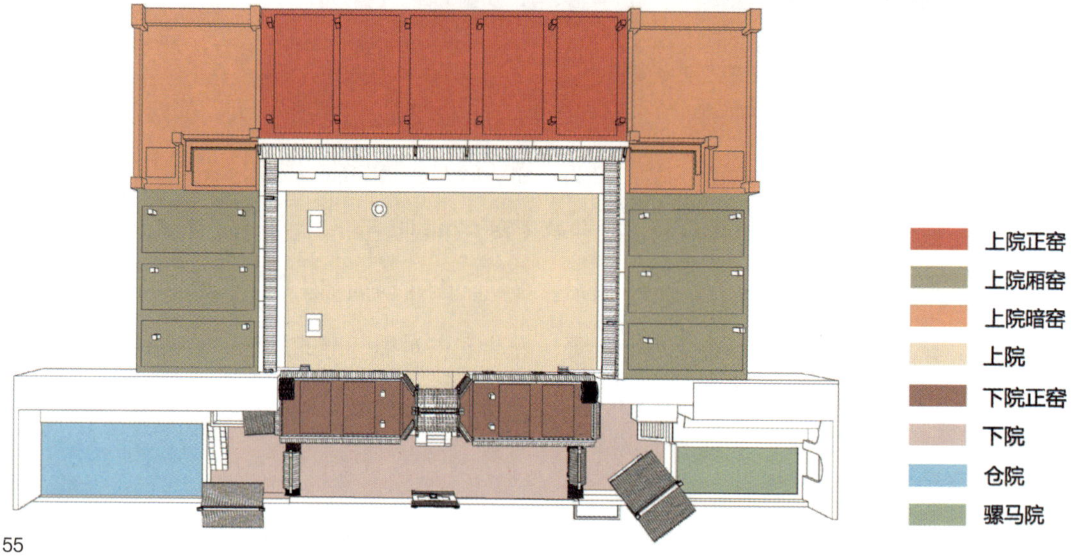

55

面抱鼓石，简洁素净。门扇上“寿”字纹门钹，方中有圆，既美观又实用。门额上题“德寿轩”，表明宅主对品德和长寿的追求（图 53 ~ 57）。

依仁堂的下院东、西各有一座套院，宅院的大门和后门则分别开在东套院和西套院围墙上。东、西套院与下院间以月洞门相连通。东套院内又套了一个骡马院，而西套院内则套了一个仓院，这两院地基抬高一米左右，前置坡道，形成富有层次的出、入口空间。在下院的围墙中间，有一座影壁，起遮挡以及聚气的作用。下院北边则是四孔正窑，为仆佣居住的场所，室内留有小窗口，方便宅主的传唤。上院垂花门则夹于这四孔窑洞中间（图 58 ~ 60）。

56

57

图 54. 依仁堂三维模型
图 55. 依仁堂平面
图 56. 大门
图 57. 大门装饰

1.5 米高的石台基上，垂花门界分内外。这座砖石结构大门与两侧撇山影壁连为一体，显得十分气派。拱形门洞上，卷棚顶覆盖，筒瓦铺顶，猫头滴水。两条垂脊上以花砖装饰，两端置鸱吻。外檐柱间一架大型木雕挂落上，只见枝繁叶茂的牡丹花遍布其中，在挂落顶端，一个“寿”字居中布置，两只凤鸟分布左右。在繁花盛开的牡丹花丛中，这两只凤鸟悠然闲适之姿态，使整幅木雕作品极富艺术感染力。由于此挂落面积大，底板是由数块木板拼合而成，因此采用了极为复杂的贴雕方式。即

图 58. 下院
图 59. 后门
图 60. 影壁

58

59

60

61

62

先将图案分段雕刻，然后再用铁钉将其固定于底板之上。此木雕构件面积之大、雕饰之精美，属陕北之罕见。枋上的斗栱也进行了精致的装饰，在小斗两侧伸出的花板上，雕刻着“喜上眉梢”“一鹿登科”等吉祥纹饰，十分有趣。这些精雕细琢的木结构装饰，将整个上院大门打扮得十分精致美丽（图 61、62）。

上院采用了典型的“明五暗四六厢窑”格局，院落十分宽阔。正面一排五孔窑，位于两级台阶之上，显示出其地位的尊贵。满拱大门窗上，通过将窗台降低，采用双平戗结构，使室内采光极好。中窑的窗格中，使用了三根棂条相交而成的“三交石榴”纹，与中国皇家建筑中最高等级的门窗格子“三交六椀菱花窗”非常相似，显示了中窑的尊贵。次间的窗格明显比中窑简单，梢间的窗格则是正十字格和斜十字格的方

图 61. 上院门
图 62. 上院门木雕装饰
图 63. 上院正窑
图 64. 上院厢窑
图 65. 倒座

63

64

65

格窗，等级最低。东、西各三孔厢窑，其满拱门窗上不再使用双平戗结构，同时窗格装饰纹样等级降低，这是建筑等级降低的表现。正窑两端有两个小套院，分别为厨院和仓院。南围墙两端的小门洞内，分别为杂物间及厕所（图63～65）。依仁堂宅院依托黄土高原“沟头”地势，打造了一处结构完整、布局工整、开合有序、内外有别的窑洞四合院。其“二大四小”的院落结构，“五福临门”的宅院格局，样式独特，是陕北窑洞古民居宅院的典型案例。

马氏新院打破了传统窑洞建筑一线齐的布置方式，将西式、日式建筑风格和窑洞建筑文化巧妙融合，堪称中华民族窑洞建筑的创新典范。美国克瑞斯特教授曾说，在他造访过的十多个窑洞国家中，马氏新院首屈一指。新院始建于 1929 年，因时局动荡，1939 年未竣而停，影壁、中式园子、花坛、书房及二层楼阁均未修建，成为遗憾。在 20 世纪 40 年代，建筑的部分窗棂遭到破坏，后期未按原貌恢复。20 世纪 60 年代，神龛又被打掉，使整个建筑群体看起来不太协调。建造者马醒民先生，先在上海同济大学研修土木专业，后留学日本，在建筑学方面见识颇广。

新院选址于九道黄土梁上，因突起的黄土梁如同飞龙，因此被人们称为“九龙托起”（图 66）。宅院坐东北朝西南，背靠大山，三面垛墙

图 66. 马氏新院“九龙托起”
图 67. 大门
图 68. 侧开的小门
图 69. 西式的窗户
图 70. 室内布置

66

67

环绕。大门设在东南角，采用墩台（或称马面）的造型，门头匾额题“新院”二字，寓意新的时代，新的建筑（图 67）。正窑前台基宽敞，方形石板铺地，地下砌烟道，通过地下火灶，可供整幢建筑的冬季采暖，十分先进。宅院主体建筑为一线 11 孔石窑，正中 3 孔主窑突出，两侧 6 孔缩进，边侧 2 孔再伸前，有出有收，一破呆滞，使平面呈‘山’字形。平面的创新，形成了空间的丰富性。凸出的窑洞，使侧向开门成为可能，打破了传统窑洞的进出方式。中间凸出的三孔主窑，为寝室、书室与会客室，其建筑外观与室内设计均十分精彩。其外立面采用了“高柱”、“尖拱”和“狭长的窗户”等典型的哥特式建筑元素，形成浓郁的西式建筑风格。两个侧开的小门，可使室内空气对流，从而巧妙地解决了窑洞室内通风不畅以及潮湿的问题。同时，这两个门又是窑内天然的“空调系统”，通过开合，可以快速调节室内温度。室内窑腿上还设置了洗澡间，置有洗澡盆，留有进水口和排水口。洗澡水是由隔壁窑洞内加热后，通过进水口导入澡盆，而洗浴后直接将水倒入排水口即可，在当时的陕北，这些设计已是十分先进了。洗澡间墙面和地面均为石材，具有极好的防水效果。1947 年 11 月 22 日至 1948 年 3 月 21 日，中央机关和中国人民解放军总部暂居杨家沟的近四个月期间，毛泽东和周恩来同住在马醒民的新院中，这地火和洗澡间是令毛主席最为感兴趣的（图 68 ～ 70）。

图 71. 日式与中式融合

图 72. 西式与日式融合

图 73. 粮仓

图 74. 厨房

图 75. 挑檐

东侧凹进的三孔窑洞采用了满拱大窗，这是陕北最典型的窑洞门窗样式，但门格窗棂采用了日式门窗中特有的“细木方格”样式，朴素文雅，使日式风格与中式窑洞门窗完美融合（图 71）。西侧凹进的三孔窑洞立面，总体门窗样式采用了哥特式的狭长窗户造型，但圆拱与尖拱的组合变化与日式风格门格窗棂的应用，形成了西式与日式融合的门窗样式（图 72）。东、西两梢间凸出的窑洞，分别是粮仓与厨房，其门窗也是西式与中式、日式与中式的融合（图 73、74）。窑顶搭檩飞椽举折，

檐随窑转，回折联结。檐面灰瓦滴水，窑上砖栏花墙。新院挑檐石的设计更是一绝，详细解析见 122—124 页，这里不再赘述（图 75）。整个院落的修建，由名匠李林圣领工，石匠马兰芬、木匠王应明操持，工艺精益求精。马醒民在大饥之年大兴土木修建新院，以工代赈（救济灾民），据说因此救了很多百姓的性命。

重庆堂位于扶风寨东北方向，长梁沟沟口。它东临潺潺小河，西临长梁沟沟底，周围高大的柳树密布，风景宜人（图 76）。宅院建于清同治年间，建筑面积 1028 平方米，是一座两进制窑洞四合院（图 77、

图 76. 重庆堂

图 77. 重庆堂总平面

图 78. 重庆堂三维模型

76

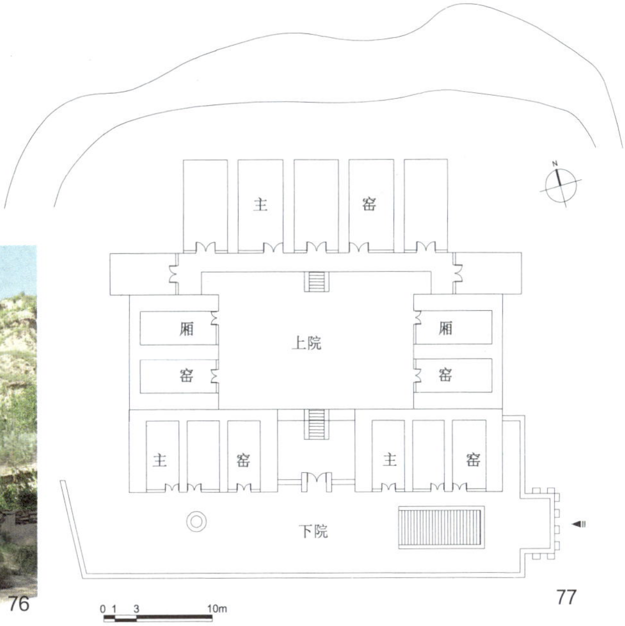

77

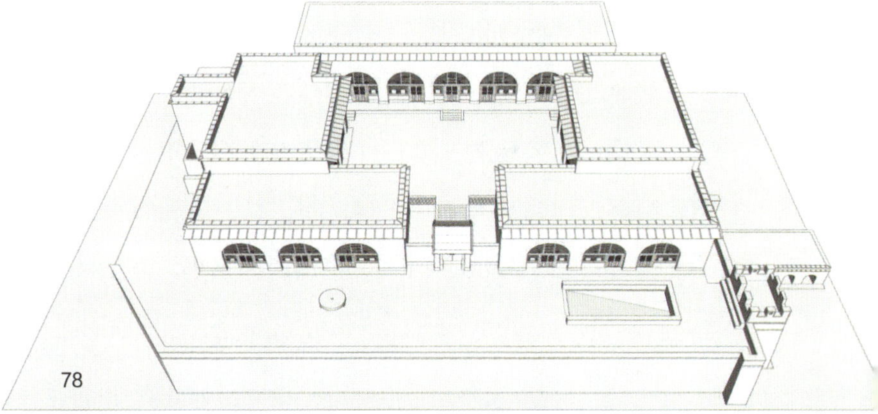

78

79

80

81

78）。宅院位于高 8 米的平台上，背靠大山，三面块石帮畔，上砌围墙约 1 米。入口朝东，为防御建筑墩台（或称马面）造型，下筑拱形寨门，门额上题“林泉拱秀”，十分契合宅院周边环境，颇有江南水乡韵味，在陕北实为罕见。大门上瞭望台四周有垛口，方便观察与射击（图 79）。入寨门，经涵洞，踏石片路可上至外院平台。外院正面一排 6 孔石窑，窗格纹样简洁大气。正窑之间，是一座石筑垂花门，工艺巧妙，为陕北地方做法（图 80、81）。正窑对面是半人高的围墙，院外高大的榆树探身进来，形成一道绿意盎然的景观。正窑东侧拱形小门内，沿山体崖面挖有几孔小土窑，是存放土豆、红薯之地。

整体院落呈轴线对称，垂花门与上院主窑形成中轴线。进入垂花门，上院地基抬高 60 厘米，踏 3 级石阶而至。上院为“明五暗二四厢窑”格局。北边一线五孔正窑，东西各两孔厢窑，南边是砖砌的半高围墙，院落宽展，采光极好（图 82、83）。重庆堂是陕北石材砌筑的典型两进制大宅院。无论是建筑结构，还是建筑装饰，均体现了石材的多种可能性。块石、条石、石板和片石等石材被巧妙地运用于宅院各处，展示了陕北人对石材建筑的营建已经十分成熟。

图 79. 大门
图 80. 下院
图 81. 垂花门
图 82. 上院
图 83. 上院窑洞

82

83

（四）绥德古城花墙院

花墙院座落在绥德古城东门塬的山坡上，坐东北向西南，背靠疏属山，面对文屏山，左依钟楼山，右携鱼头山。靠山稳固牢靠，处于“风水”宝地之上（图 84）。宅院为“目”字形四进合院，以“大门—中院垂花门—上院垂花门—主窑”为中轴线，两边对称构造厢窑。层层抬高的院基，寓意步步高升，是传统大宅院的典型格局。因整体宅院基座高出路面 3 米，使建筑更显得高大气派。建筑外墙后退近 4 米，形成较宽的宅前通行空间。宅院后期改造较大，通过多次考察与采访，我们复原了建筑的原有格局（图 85、86）。宅院大门由倒座窑的一间外接砖砌拱券式门头而形成。两侧

84

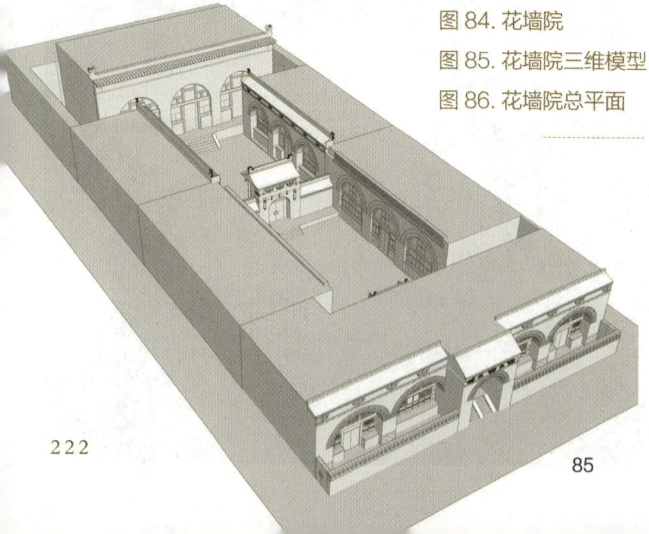
85

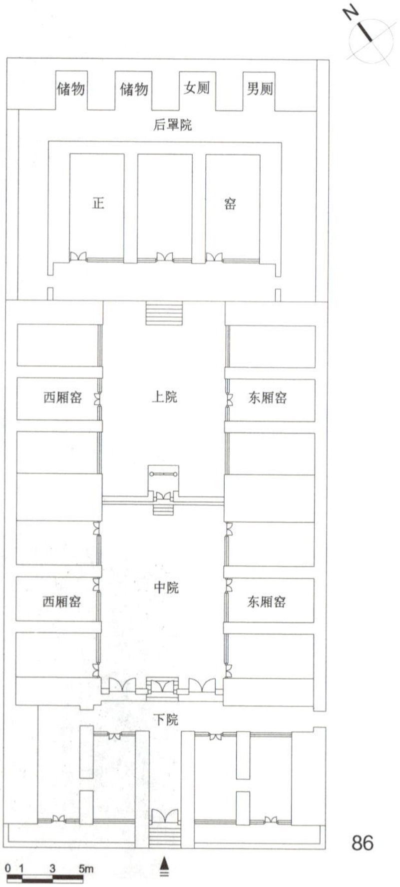

86

图 84. 花墙院
图 85. 花墙院三维模型
图 86. 花墙院总平面

各有两孔倒座窑，内开门，外开窗，窗外砖砌半人高的“L”形十字花墙非常类似今日的“阳台”，“花墙院”的名字由此而来。

花墙院大门及两侧窑洞外立面檐下的带状砖雕装饰，形成了宅院入口处华丽的视觉效果。大门檐下的砖雕斗栱间，嵌饰着莲花、菊花图案，两端有砖雕戗檐板和须弥座装饰。屋顶以筒瓦铺设，形成凸凹有致的瓦垄，檐口上猫头滴水。两侧倒座窑背立面的檐下装饰与大门风格一致，因宽度增大，在增加斗栱的同时，其间嵌饰的图案还增加了龙凤纹样，墙面端头上，不再设置戗檐板。这种细节处理，使大门与倒座窑背面的檐下装饰，在统一中有变化，体现了工匠创造的灵活性。大门洞宽 2.5 米、深 9.5 米，两侧置抱鼓形门礅（图 87）。

下院纵深很小，不到 2 米，为仆佣居住。正面中央是垂花门，两侧为月洞门。平时中间的垂花门关闭，人们进出走两侧月洞门，只有遇红白喜事时正门方开，因此，垂花门又起到影壁的隔离作用，避免大门直冲主宅（图 88）。

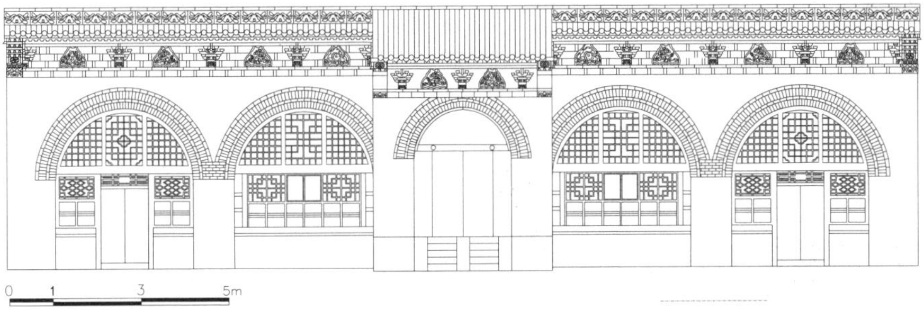

87

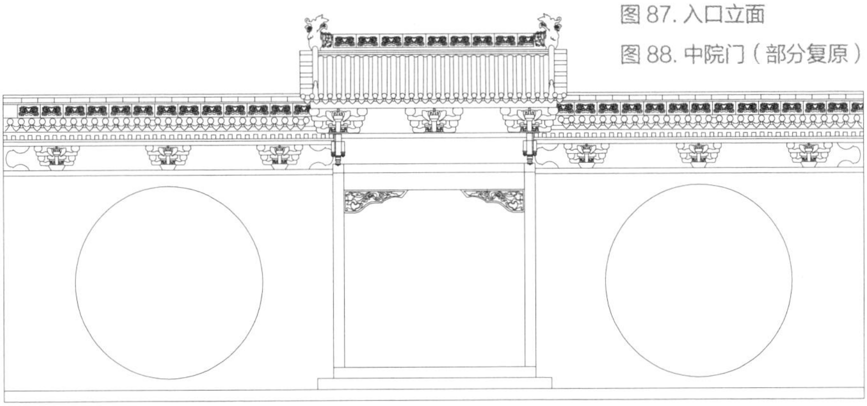

88

图 87. 入口立面

图 88. 中院门（部分复原）

拾级而上，过月洞门便进入中院。中院深 13 米，宽 10 米，石板铺地。正面是上院垂花门，前一半是砖砌拱券式门，后一半是木结构举架，两柱间设屏门，平时关闭，避免与主窑直冲，人们往来从两侧进入，遇红白大事或有贵客临门，才由正门进出。垂花门为双坡硬山顶，筒瓦铺设，猫头滴水。脊砖以高浮雕菊花、莲荷与牡丹装饰，工艺精湛。外檐三攒斗栱下，雕花砖形成带状装饰，几根垂柱将其纵向分隔，并以云勾纹装饰其间。两侧挑檐上，以莲瓣纹和宝相花进行装饰。垂花门下，两个石狮子门礅护卫左右。就连垂花门两侧的围墙顶端，也是双坡屋顶，筒瓦铺设，猫头滴水，脊砖以浮雕莲荷图案装饰。这些装饰手段，使这座上院大门显得十分隆重和漂亮。东、西两厢各 3 孔砖窑，洞口的双拱线与窑顶的“十”字花墙一起，构成厢窑立面的主要装饰（图 89、90）。

跨五级台阶而上，穿过垂花门，便进入上院。上院深 14 米，宽 10 米，青石板铺地。正窑为一排三孔四明头砖窑，半坡硬山式屋顶，筒瓦铺顶，

89

图 89. 上院门
图 90. 中院厢窑

90

猫头滴水。正脊采用高浮雕莲花脊砖，两端以鸱吻装饰。檐口之下，13个雕花斗栱一字排开，显得很有气势。两端层层挑出的砖结构上以雕刻进行装饰。这些装饰手段与洞口处的双拱线一起，构成了正窑的立面装饰。双拱线与窑口弧线均衡统一、极富韵律，与方正的庭院形成显著对比，体现了中华民族对宇宙空间“天圆地方”的认知观念。正窑处于1.2米高的台基上，需踏7级台阶而至，是“以中为尊”的等级观念的体现，显示了正窑的最高等级。东、西两侧厢窑的装饰手法与正窑相同，只是屋顶的脊砖采用了浅浮雕装饰，体现了建筑等级与装饰之间的对应关系。整体看来，上院正窑三孔，厢窑3孔，皆取阳数，合起来9孔，是阳数之极，是大吉的象征（图91、92）。

经正窑两侧通道，可进入后罩院。与传统四合院的后罩院多住人所不同，它纵深狭小，正面一排四孔窑，分别为男、女厕所和仓库。仓库

91

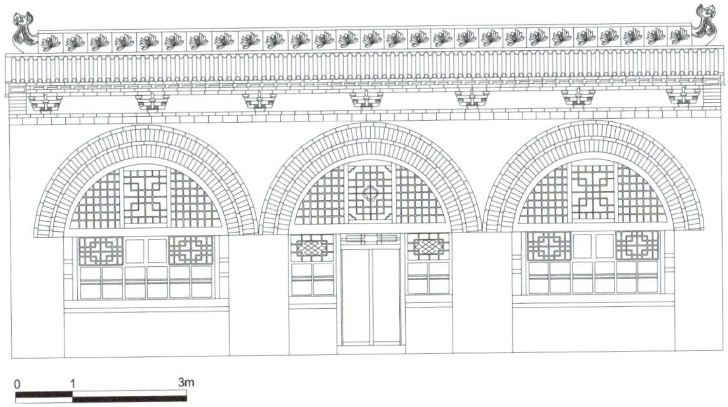
92

图91. 上院正窑
图92. 上院厢窑

设置于此，极具隐蔽性，有很好的防盗作用，其中一孔仓窑里挖有暗道，直通到疏属山八角亭下出口处，用于防匪逃逸。

纵观整个花墙院，它是北京四合院与陕北窑洞建筑相互融合的产物。四进制的窑洞四合院，规模宏大，结构精巧，装饰典雅，蕴含着丰富的传统建筑文化，在陕北古民居中独树一帜。

（五）党氏庄园

党氏庄园位于无定河东岸、绥德县城东南20公里处的东贺家石村。据资料记载，清乾隆年间，党氏先祖党青山，从山西柳林迁徙而来，最初定居在接口土窑中。三世党天刚发迹以后，于清代嘉庆十九年（1814年），开启了以祖宅为中心，向前、后、左、右次第扩展的营建活动。经四世、五世和六世子孙不断修建，历时近百年，城堡式窑洞四合院聚落格局基本形成。据说，当年修建之时，为了讲究排场，悉从本地挑选工匠，山西调请手艺人，开石场，烧砖瓦，精工细作。党氏庄园建筑群占地面积100亩（总建筑面积10043.07平方米），整个建筑城门坚固，上下相通，左右相连。明路暗道通畅方便，形成一个有300余年历史、包含21院窑洞四合院的聚落，是陕北典型的清代古民居群。由于地处偏远，交通不便，党氏庄园较好地保存了历史原貌。其建造风格以及规模气势十分独特，在陕北无第二家。2013年5月3日，国务院公布党氏庄园为国家级重点文物保护单位。

党氏庄园背靠高山峻岭，面朝冲沟小河，据险扎寨，山环水抱。在三道山脊形成的两个双斜坡空间中，一座座宅院前退后让、依山就势、错落有致地分布于山坡之上，与山体、道路、水路合理布局，保持着天地人的和谐统一。整个庄园功能完整，山上有村庙，沟里有水井，自成

图 93. 党氏庄园

体系，远近赫赫有名。宅院木、砖、石三雕艺术，巧夺天工，精美绝伦。只可惜，同治年间，回军造反，大军路经村庄时烧毁不少房屋。庄园前的石雕牌楼，后来也在文革中被毁，但整个庄园气势及建造风格依然十分引人注目。在浩如烟海的中国传统民居建筑中，绥德党氏庄园被人们称誉为“陕北印象”。其气势壮观，装饰精微，构思巧妙，散发出黄土高坡传统文化的精神、气质和神韵（图 93）。

党仲雍院为现存最典型的一处宅院，分上、下两院，有独立大门。下院大门正对村道，两侧是倒座马棚和草房（已坍塌，地面有痕迹），而与大门相对处，是一座砖砌影壁。下院内正面一排是五孔石窑，满拱大窗，一侧窑腿上留小门洞，是通往上院的通道。院子东南角，村落排水通道占去一角，因此巧妙设置小石桥，连接菜园。上院的大门也位于村路旁，交通便捷。它为双坡硬山顶，筒瓦铺顶，五脊六兽，猫头滴水。门外七级台阶，使这座大门更显高大挺拔。大门上，“凤戏牡丹”“双龙捧寿”“荷花鹭鸶”等吉祥图案的雕刻艺术十分精彩。院内，一线五孔正窑，位于两级台阶之上，满拱大窗。主窑室内空间最大，窑门中开，

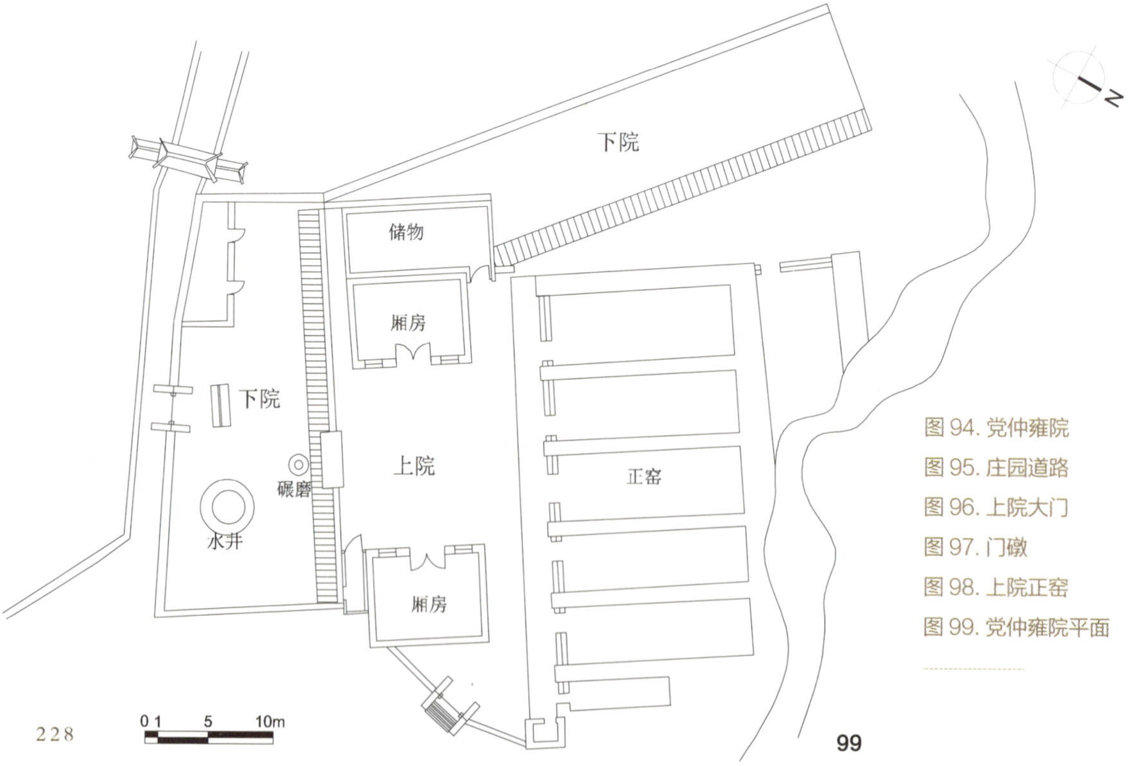

图 94. 党仲雍院
图 95. 庄园道路
图 96. 上院大门
图 97. 门礅
图 98. 上院正窑
图 99. 党仲雍院平面

体现了“以中为尊”的建筑等级制。窑檐筒瓦铺顶，猫头滴水，花砖脊子加兽头，砖砌花格女儿墙。东西两座厢房相对而立，装饰细腻。与正窑相对的围墙，又是下院的女儿墙。围墙正中置影壁，既增加了院落的围合感，凝神聚气，同时也起到遮挡的作用。西厢房背后，充分利用空间，巧妙地设置了一个储物间。正窑的侧面，有一处通道，通向隐藏于其背后的仓窑。整个院落随山就势，充分利用每一寸土地，物尽其用，体现了聚落里的人们对土地的珍视（图 94 ~ 99）。

与党仲雍院相邻的东北方向，是党思明大院。它是由正窑、东西厢房和马棚围合而成的单进院落。通过马棚后的小门，上至路洞垴畔，可直接到达村路对面的党鹰阳院，体现了庄园内宅院间暗道相通的巧妙布局。正大门为砖木结构，位于宅院西南，五脊六兽的双坡硬山顶，筒瓦铺顶，猫头滴水，是典型的屋宇式大门。外檐下斗栱间的花板上，镂空雕刻“荷花鹭鸶”，装饰效果极佳，寓意吉祥。小小的雀替上，雕饰着喜鹊、牡丹、寿桃和桂圆，分别象征喜庆、富贵、长寿和功名，表达宅主对美好生活

图 100. 党思明院

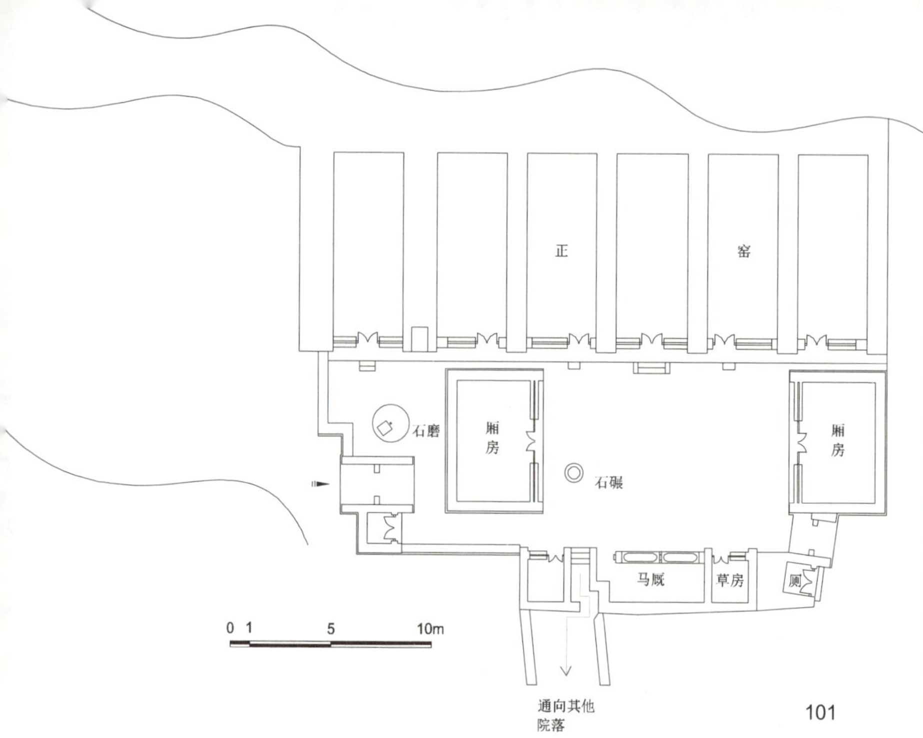

101

图 101. 党思明院平面
图 102. 马棚及暗道入口
图 103. 正窑门格窗棂
图 104. 正大门
图 105. 后门
图 106. 正窑立面
图 107. 党鹰阳院大门
图 108. 大门装饰
图 109. 影壁正面
图 110. 影壁背面

102

103

104

105

106

的期盼。正窑门窗平戗以上的部分，抛弃了传统窗格的分割方法，形成了简洁大气的门窗结构。此种门窗结构是党氏庄园内大多数窑洞所采用的方式，形成了地方特色。后门尺度稍小，显示出等级的降低。其山墙由石材砌筑，外檐下的檩、枋之间，以雕花柁墩进行装饰，而雀替上“凤戏牡丹”图案象征着富贵和吉祥（图 100 ~ 106）。

党氏庄园最有特色的大门，当属党鹰阳院大门。党鹰阳是党盛云长子，从小喜练武功，好行侠仗义。现大门前栽的旗杆及大门上的“武魁”匾额，记录的是其夺得武状元的荣耀。门内一字影壁正面雕刻“凤凰牡丹”，背面雕刻“福禄寿三星”，雕艺精湛（图 107 ~ 110）。

党氏庄园内的石雕、砖雕和木雕，件件精雕细刻，繁复精美。装饰题材有祥瑞动物、吉祥花草，也有组合而成的富有吉祥寓意的图案，均被刻

107

109

108

110

绘得栩栩如生，充满生命的活力，既装饰美化了古民居建筑，又寄托了主人的理想、追求、期盼和希冀。每个窑洞宅院既相对独立又相互连通，正可谓“村是一座院，院是一山村”。每座院内正窑、厢房、倒座、碾磨俱全，尊卑有序，秩序井然。党氏庄园可谓是黄土高原上的一座民俗大观园、农耕文明博物馆。因党氏一族发家致富主要靠务农、经商（开当铺）和买土地等方式，在培养人才方面不甚重视，历史上取得功名的人寥寥无几。

（六）义合区委大院

义合镇位于绥德县城东 30 公里，自古为秦、晋交通要塞，曾是绥德县第一大镇，素有“雕阴首镇”之美称。明清时期设义合驿，为绥德州四大集市之一，历来是绥德东区的政治、经济、文化和教育中心。义合区委大院建于清代，是义合镇现保留最完整的一处宅院。由李姓人士所建，几经易主，后由义合区党委用数十石粮食典走。新中国成立前，1947 年秋至 1948 年 5 月，齐心任义合区委副书记时，曾在此办公（图 111）。

图 111. 区委大院

图 112. 倒座

义合区委大院是单进式四合院，坐西北朝东南，建筑格局保存完整。大门为五脊六兽硬山顶，坐落于 1.5 米高的台基之上，高大气派。墀头上砖雕装饰精美。最具特色的是大门外檐下的三层结构：檐柱间的花板与雀替形成了最外层的结构与装饰；金柱间的木雕花板和挂落形成第二道结构与装饰；而最里边是由匾额、门簪、门框和门扇形成的结构与装饰。门下书箱式门礅及柱础石上，也精雕细琢。这些精湛的木雕、砖雕和石雕，把这座入户大门打扮得十分隆重。进入大门，正对的围墙上砖雕“福”字，造型特别。它形似福猴又似仙鹤，蕴含金猴祝寿桃，仙鹤送如意的美好愿望。经过狭窄的通道，左出小门洞，便进入正院了。正院为典型的四合院布局。正面是下窑上房结构，为晋西北民居多采用的一种形式。它下层为窑洞，满拱大窗，面阔三间。上层是砖木结构房屋，双坡硬山顶，五脊六兽，筒瓦铺顶，猫头滴水。二层穿廊抱厦的立面结构，面阔五间，木雕精美，据说这里曾是绣楼，是女儿们居住的地方。东、西厢房面阔三间，半坡顶，墀头上以砖雕装饰。倒座与正房相对，五脊六兽双坡顶，前檐挑出 1.5 米，有立柱支撑。院子西南小套院内，则是杂物房及厕所（图 112 ~ 117）。

图 113. 大门

图 114. “福”字砖雕

图 115. 入口套院

图 116. 正房与厢房

图 117. 楼梯

义合区委大院采用了“三间正窑”“窑上房”和“单坡顶”的结构，形成了陕北地区典型的窑院案例。这是明清时期，频繁的晋陕贸易活动影响下形成的建筑文化的传播。

（七）高家沟魏家大院

魏家大院位于绥德四十里铺镇高家沟村，建于清末。据魏家族谱记载，明代中叶魏氏先祖从山西迁移而来，先落脚在绥德魏家墕村，后又迁移到高家沟。据魏家后人讲，魏氏先祖因受到邻村吴家畔财东老丈人的资助，

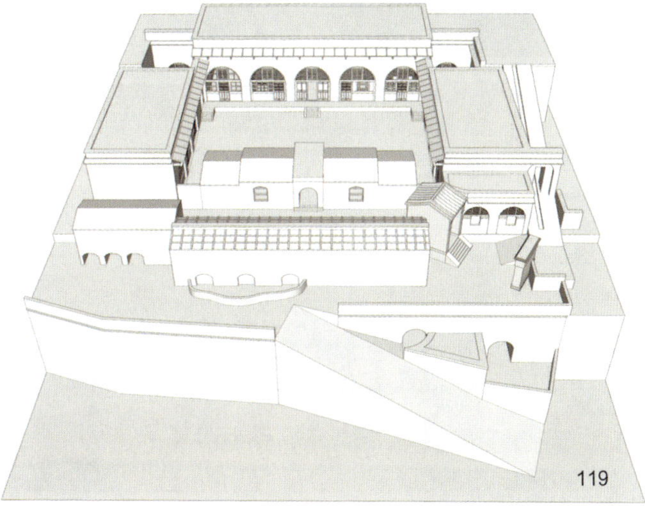

图 118. 魏家大院
图 119. 魏家大院三维模型

方才有实力修建起了这座大宅院。魏家大院为两进院落，由石材砌筑而成，除了住窑之外，宅院内还兼有仓窑、磨窑、羊圈、猪圈、驴圈和马棚等，是陕北农耕文明的活化石（图 118、119）。

魏家大院坐东北朝西南，位于半坡之上，视野开阔。主院是两进制四合院，占地面积 1028 平方米。大门位于东南方向，是一座石砌屋宇式大门。门前五级台阶，使大门更显高大威武。外檐木雕、彩画装饰精美，门下书箱式门礅上，雕刻着“麒麟吐书”“凤戏牡丹”“荷花鹭鸶”“福鹿寿”等传统纹样，表达宅主对长寿、子嗣和吉祥的期盼。下院的主要建筑，

图 120. 大门　图 122. 门礅
图 121. 门匾　图 123. 下院马棚

图 124. 佣人窑入口
图 125. 上院正窑
图 126. 上院厢窑
图 127. 上院倒座
图 128. 窑顶通道

是位于南边的一排马棚，足见魏家财力雄厚。马棚西边凸出的几间房内设有厕所。院内置碾磨，是加工粮食的场所。紧邻大门的北边，是仆佣居住的窑洞。上院是“明五暗二六厢窑”格局，院落宽展。五孔正窑坐落于台基之上，显示出其核心地位。石板雨檐，满拱大窗。最中间的主窑上采用了六扇格扇门的形式，样式新颖，较为罕见。平时仅打开中间的两扇门，供人员通行，只在家庭有重大活动时，才全部打开，方便进出。正窑的门窗在方格与直棱两大基础窗格上，加入盘长、万字和龟背等传统窗格纹样，形成丰富的立面造型。东、西厢窑各三间，为子女居住。厢窑内侧小门洞里，分别是厨院和仓院。倒座房呈中心对称，其左右两间作储物用，中间的四间小房，是接待客人入住的场所。整个大院最独特之处，是在主院之外，充分利用黄土高原山体空间，巧妙布置功能。一是依附主院南围墙外的小窑，巧妙围设成猪圈；二是在宅基地下的坡道旁，充分利用黄土崖面掏挖出羊圈和狗窝。这附设的两大功能，使整个大宅院的功能更加完善，生动地展现出一幅高原农耕生活场景。主宅外东侧，有一条通向窑顶的坡道，因紧靠大宅，它也被精心地进行了装饰，上加门头，下铺石槽，形成一处可圈可点的景致（图 120 ~ 128）。

（八）高杰村白家大院

高杰村地处无定河与黄河交汇处，其东、南濒临黄河，西临无定河，位于清涧县城东 45 公里处。根据白氏家族族谱记载，白姓先祖在距今 400 多年前就居住于高杰村，在当时就建有私塾，称为“耕学堂”。由于注重教育，遵“唯耕唯读”祖训，白氏家族人才辈出，几百年坚挺于历史的长河中。抗战时期，高杰村警备三团驻扎在白家大院，是黄河防

图 129. 白家大院

卫清涧段的指挥中心，在护卫党中央驻地——延安中发挥了重要的屏障作用。村落内古民居集中，巷道林立，建筑十分精巧。2016 年 11 月 8 日，高杰村被列入第四批中国传统村落名录。因年代久远，大部分建筑损毁坍塌严重，现保存最为完好的当属白家大院，为清涧县境内规模最大、做工最考究和保存最完整的清代民居院落（图 129）。

白家大院是白公平四兄弟私宅，建于清代嘉靖年间，宅主因曾在南方做官，大院的格局也显得与众不同。宅院坐北朝南，分上、中、下三院，总面积约为 946 平方米。沿门前斜坡往上，一座二层阁楼迎面骑跨在路

图 130. 大门
图 131. 大门内
图 132. “喜报三元”砖雕
图 133. 上院入口
图 134. 上院正门

135

136

137

面上，旁边还有一个小门，这分别是上院和中院的入口处。阁楼的下面是拱券式大门，门头题“佑启”，是佑助启发的含义。二层上面的望楼，卷棚顶，前后开窗，用以观景与瞭望。只见墀头戗檐板上，采用了“喜报三元”的纹样，用一只喜鹊、三颗桂圆的组合图案，表达宅院主人对读书的重视，以及希望后代能科举高中的心愿。进入大门，继续沿坡道上行四、五米，方才到达上院的正式入口处。上院入口的设置很独特，它其实是将上院的一间厢房做成了门屋。跨五级台阶，穿过门屋，便进入上院了。上院是四合院布局，石板铺地。正窑位于石砌高台基之上，前设 7 级垂带踏步，面阔 4 间，其中 1 间因被厢房遮挡，从正面看，只看到 3 间，是“明三暗四”格局。东厢房面阔 3 间，其中最东边的一间，就是上院的出入口，设板门。西厢窑 2 孔，门窗简单大方。正窑的对面是三孔倒座窑洞，它其实又位于中院的窑洞之上，整体是“窑上窑”的结构。

图 135. 东厢
图 136. 倒座门洞
图 137. 倒座前面
图 138. 中院门
图 139. 中院正窑门窗
图 140. 中院四合院
图 141. 中院厢房

倒座窑背墙上有方门洞，是上院进入倒座窑内部的出入口。倒座窑的中窑与两侧窑洞内部相通，前立面为明柱抱厦结构（图 130 ~ 137）。

中院门是双坡硬山顶，正脊上雕刻着菊花，象征坚韧不拔的精神品格，两端有鸱吻。檐口的瓦当、滴水上也分别装饰着兽头和菊花。中院由位于正面的二层窑洞、东西厢窑以及砖砌花格围墙围合成四合院。正窑为“窑上窑”结构建筑：下层为 3 孔窑洞，窗格以菱形格和十字格为主，没有复杂的装饰，简洁大气；上层为穿廊抱厦的 3 孔窑洞，两侧山墙墀头上雕刻莲荷纹样，反映了宅主对高洁品质的追求。东、西厢房为双坡硬山顶，五脊六兽，筒瓦铺顶，猫头滴水。屋脊和滴水均以莲荷纹装饰，山墙墀头则以寿字进行点缀。厢房面阔 3 间，进深 2 间，正面和两侧墙体大量运用“空斗砖”的砌法，以节省砖材（图 138 ~ 141）。

下院有上、下两层窑洞，是仆佣居住、粮食加工及饲养牲口的场所。白家大院规模宏大，样式独特，是陕北古民居中的又一典型案例。

宅院选址

建筑单体

院落布局

建筑装饰

VI

陕北古民居与京、晋民居比较

陕北古民居与北京四合院、山西古民居同属北方民居系列，然而，从宅院选址、建筑单体、院落布局和建筑装饰等方面看，仍有很多相同和不同的地方。

（一）宅院选址

陕北自然环境恶劣，人们多靠天吃饭，迷信思想重。在建宅造舍上，人们往往十分非常注重宅院风水。大到择址、建筑布局和大门朝向，小到动工吉日、碾磨布置等，都要请风水师一一把关。选择向阳的山弯、靠山临水，以求纳阳避风，这是黄土高原窑居宅院选址的基本原则。在晋、陕两地黄土窑洞区没有太大区别。陕北的聚落和民居还注意利用宅前的山崖陡坡，使建筑群落居高临下，控制险要，体现了军事防御与建筑艺术的融合，十分具有地域特色。山西地区的山地聚落和民居，大多布局在山坡、土塬的边缘地带，紧靠山崖，形成台梯式错落有致的建筑群。晋商大院则讲究背山面水，前低后高，饱含天人合一的思想，强调人与自然的和谐。北京四合院因环绕紫禁城而建，建筑选址自由度很低，传统的风水理念更多体现在空间布置上。

（二）建筑单体

陕北地广人稀，建筑多为单层，仅在一些城镇古民居中，有少数下窑上房的结构，即下层为窑洞，上层为砖木房。一些平地院落的正房为砖石结构的箍窑，有的前部加木结构的檐廊，在柱廊上覆瓦顶，还有的在正窑的平顶上设风水楼。陕北因历代屯垦，森林资源十分匮乏，而石材易得，与砖瓦相比，其成本更为低廉，因此在古民居中有很多石材代替砖瓦以及砖仿木的营造工艺，很有地方特色。

山西人多地少，富商巨贾云集，晋商大院和堡寨民居建筑均达到较高的水平。明清时期社会动荡，战争频繁，这些大宅院为了能抵御匪寇，建筑外墙均砌筑成没有外窗的墙体，高度可达今日的四、五层楼房之高，防御性极强，封闭性极高。建筑单体多采用“窑上房”或“窑上窑”的二层或三层楼阁式结构，还多采用单坡顶，从而使建筑外墙更加高大。山西产煤，建筑需求又大，明清时期砖瓦烧制技术得到长足发展，下窑上阁的建筑结构，砖瓦用量较大。皇城根下，北京四合院民居受礼制影响较大。因不能超越皇宫建筑，建筑大都比较低矮，多为砖木结构的平房，又因为皇城的体面，建筑讲究整齐划一，因此，北京四合院建筑单体造型单一。

（三）院落布局

陕北古民居一般以正房、厢房、倒座和大门等房屋围合而成四合或三合院，是家族最基本的居住单元。在此基础上，根据基址条件，或纵向延伸，或横向扩展，从而形成较大规模的院落群，满足家庭生产生活所需。陕北最为经典的是“明五暗四六厢窑”格局，即是由正窑五间、厢窑三间和四间暗窑围合而成的四合院，院内功能完备，生活方便。陕北高原民居依山而建的特色，使不同院落因高低不同，形成台阶式布局。宽扁形院落是陕北古民居中极富地域特色的布局样式，其正窑可以多达 7 间、9 间甚至 11 间，而厢窑则多为 2 至 3 间。这种院落布局的特点是宽大于深，院落敞亮，通风、纳阳极佳，给人以恢弘大气的感觉。一些讲究的宅邸，采用穿堂院的布局方式，有明显的中轴线，左右对称，主次分明。沿中轴方向由几套院落串联而成，有两进院、三进院甚至四进院，院落之间有的用过厅相隔，有的用矮墙和华丽的垂花门相隔，形成“日”字形或“目”字形布局形式。正房在宅院中最为宏伟，等级最高，从外至内各屋脊逐渐增高，形成“连升三级（脊）”之势，借以表示家族昌盛，后继有人。还有一些商号宅院（骡马驿站等），既能居住，又可经商，前店后宅式的布局，是使用功能与建筑艺术的完美统一。个别富户院中还建有戏台，专供家庭娱乐之用，但所有陕北古民居宅院中均不附设花园。

山西古民居类型丰富，数量之多、质量之高在全国均属上乘。晋商大院多为平地院落，也有少部分山地台院。它们规模宏大，几进几出占地广阔，附书院、戏楼，花园等。而集中式宅院群则由四合院建筑并联或串联组合而成，院落组合形态多样。由于防卫之需，山西地区营建了大量的堡寨聚落和民居。这些堡寨聚落采用聚族而居的方式，将数十个院落毗连，由堡门、堡墙、街、坊、院组成，它们依山就势，层楼叠院，错落有致，气势宏伟，功能齐备，反映了明清时期北方民居封闭内敛的特点。山西宅院因东西狭南北长，整体呈现窄长的平面布局，但居住起来却相当舒适，冬不太冷，夏则凉爽。因为京城的建筑规定，普通的北京四合院大多为齐整方正的单进、两进院落，规模较小，但王公贵族的府邸也不乏有四进和五进的大宅院，因是一层建筑，加之院落宽阔，北京四合院内采光、通风俱佳。

（四）建筑装饰

陕北地处边关，山高皇帝远，在装饰题材上受礼制限制不大，最为有趣的是被皇家禁用的龙凤题材，在这里却被大量采用，产生了丰富的龙凤题材装饰图案。装饰色彩上，陕北古民居则延续了北方民居的常用色系，以蓝色、绿色、黑色为主色调，暖色相间进行点缀，与大面积的砖石建筑本色一起，形成稳重大气的建筑风格。

山西的晋商群体，因为得不到主流社会的认可，在宅院的装饰上倾注了极大的热情，砖雕、木雕和石雕艺术精彩绝伦，其装饰等级比肩京城的王爷府，远超普通的北京四合院。晋商又称儒商，宅院中还处处体现着对儒家文化的宣扬。因地处京城，北京四合院的装饰造型、题材与色彩均严格遵守礼制，不敢逾制。

明清时期的陕北古民居，因构造标准日益明确，建筑结构愈加合理，建筑装饰日趋华丽，营造技术与艺术均达到了传统建筑的顶峰。因距今年代较近，许多建筑佳作得以保留，从而构成了中国古代建筑史的华丽篇章。

后记

HOUJI

本著作是2017年教育部人文社科项目《陕北窑洞庄园建筑艺术》的研究成果。

感谢教育部人文社科项目的专家评委，能将他（她）们宝贵的信任馈赠于我。这份信任，给了我莫大的动力。五年间，我不知疲倦地行进在陕北的沟沟壑壑，探索着一个又一个陌生的目的地，收集着这些乡间散落的珍宝。一路上艰辛相伴、危险相随，所幸，众人相扶、相助，最终使得拙作得以出版。

感谢榆林学院党委书记张新柱、院长许云华、副院长康伟以及科研处处长高平强对本项目的关怀和大力支持；感谢郭冰庐教授、孟强教授对本项目的指导与帮助；感谢米脂桃镇人大杜鹏主席、米脂县古城古建文物保护利用中心姬静主任、佳县人大张宏伟主任、吴堡县医疗保障局尚莲莲局长、吴堡人大辛云鹏主任、绥德人大马向元主任、绥德政协高胜利主席、绥德汉画像石馆雷昱馆长、府谷人大温国强主任、神木人大刘艳萍主任、榆阳区人大苏健主任、榆林文物研究所闫宏东副所长、横山区人大李晓峰主任等为实地考察所提供的一切方便；感谢剪纸艺术家张晓梅女士、石雕工艺传承人杜芳亮先生、木雕师傅闫首来先生、老油灯博物馆馆主艾克亮先生所提供的专业性的指导；同时，要感谢杨家沟马宏风和杨德明书记、蟋镇张雄斌书记、沙坪上村李雄雄书记、绥德党氏庄园党来强书记、木头峪苗再堂和苗小安书记、黄甫文天来、木头峪苗利华、佳县张家大院后人张少峰、吴堡高家大院后人高升、府谷郝氏庄园后人郝英林等所提供的各种资料；感谢国际知名艺术家刘若望先生为本书写序；感谢陕西人民出版社编辑为此书出版所做的大量工作；感谢我先生及所有家人对整个项目的全力支持。

由于学识所限，书中难免存在不妥之处，期盼广大的读者朋友赐教指正，希望社会各界对我的研究和陕北古民居继续给予关注和支持。

裴晓阳

2022 年 5 月 20 日

参考书目

CANKAO SHUMU

1. 史念海 . 黄土高原历史地理研究 . 郑州 : 黄河水利出版社，2002

2. 田培栋 . 明清时代陕西社会经济史 . 北京：首都示范大学出版社，2000

3. 王晓华，冯美字 . 中国古建筑构造技术 . 北京：化学工业出版社，2021

4. 楼庆西 . 装饰之道 . 北京 : 清华大学出版社，2011

5. 楼庆西 . 砖雕石刻 . 北京 : 清华大学出版社，2011

6. 楼庆西 . 千门之美 . 北京 : 清华大学出版社，2011

7. 楼庆西 . 雕梁画栋 . 北京 : 清华大学出版社，2011

8. 楼庆西 . 户牖之艺 . 北京 : 清华大学出版社，2011

9. 榆林地区地方志指导小组 . 榆林地区志 . 西安 : 西北大学出版社，1994

10. 孙丽萍 . 山西老宅院 . 太原 : 北岳文艺出版社，2019

11. 王莉，于长飞 . 陕北近代建筑研究 . 西安 : 西北工业大学出版社，2015

12. 岩本公夫 [日本]. 北京门礅 . 北京：北京语言文化大学出版社，1998

13. 楼庆西 . 建筑小学砖瓦 . 北京：清华大学出版社，2016

14. 惠升，杨希等 . 陕北门额 . 西安：陕西人民出版社，2014

15. 艾克生 . 姜氏庄园 . 北京 : 文物出版社，2017

16. 贾珺 . 北京四合院 . 北京 : 清华大学出版社，2009

17. 李秋香，罗德胤，贾珺 . 北方民居 . 北京 : 清华大学出版社，2010

18. 吴昊 . 陕北窑洞民居 . 北京：中国建筑工业出版社，2008

19. 王文权，王会青 . 高原民居 . 西安：陕西师范大学出版总社有限公司，2016

20. 北京大学聚落研究小组，北京建筑大学 ADA 研究中心 . 窑洞民居 . 北京：中国电力出版社，2019
21. 侯继尧，任致远，周培南，李传泽 . 窑洞民居 . 北京：中国建筑工业出版社，2018
22. 刘大可 . 中国古建筑瓦石营法 . 北京：中国建筑工业出版社，2015
23. 郭冰庐 . 窑洞风俗文化 . 北京：中国地图出版社，2004
24. 杨雨佳 . 门窗上的陕北文化 . 西安：陕西师范大学出版总社有限公司，2016
25. 刘亚莲 . 木头峪——中国传统村落 . 西安：陕西旅游出版社，2014
26. 倪青义 . 气派的大宅 . 长春：北方妇女儿童出版社，2017
27. 王山水，苏爱萍 . 陕西传统民居雕刻文化研究砖雕集 . 西安：三秦出版社，2016

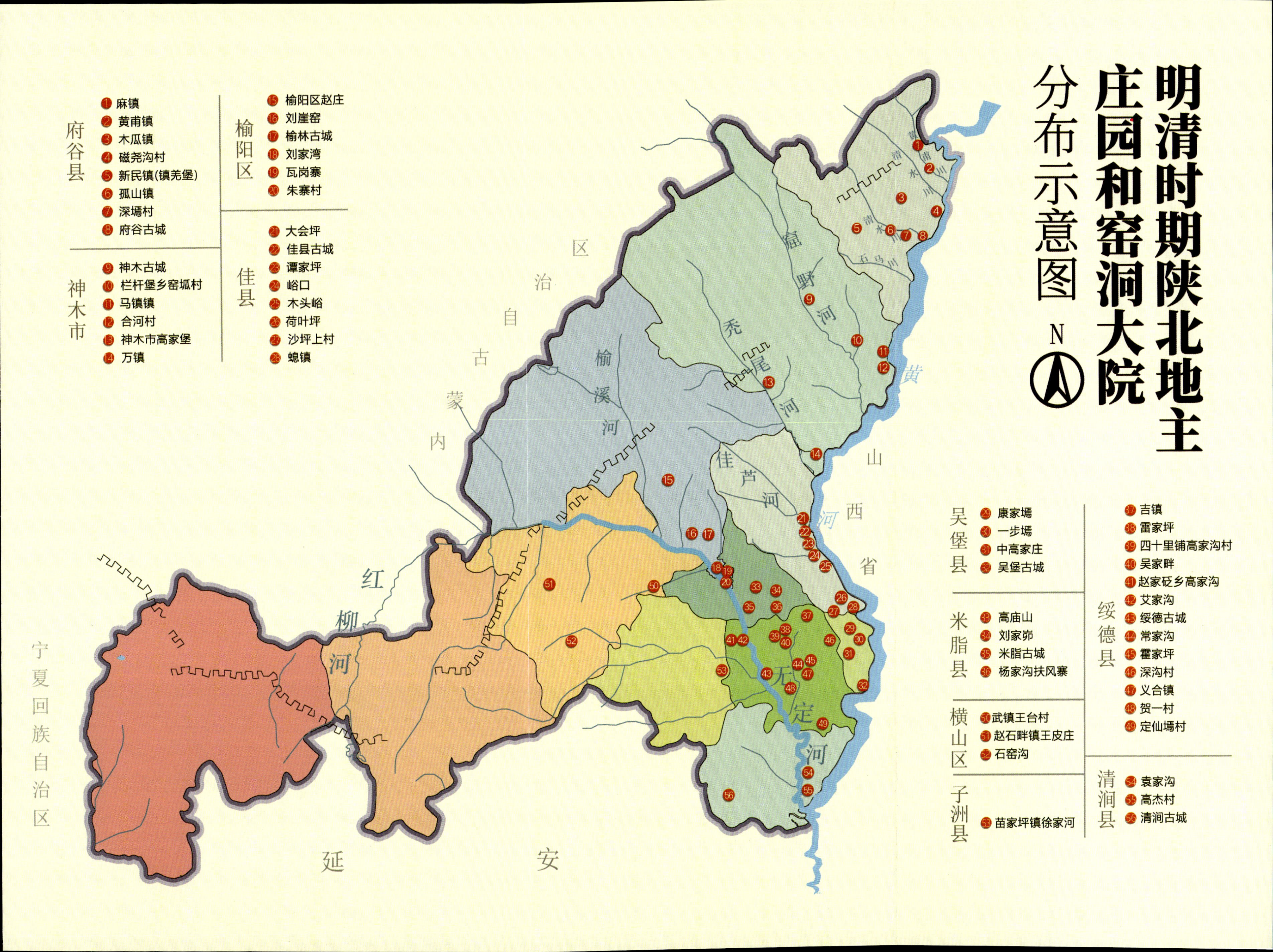

明清时期陕北地主庄园和窑洞大院分布示意图
N
府谷县
1 麻镇
2 黄甫镇
3 木瓜镇
4 磁尧沟村
5 新民镇(镇羌堡)
6 孤山镇
7 深墕村
8 府谷古城
神木市
9 神木古城
10 栏杆堡乡窑塬村
11 马镇镇
12 合河村
13 神木市高家堡
14 万镇
榆阳区
15 榆阳区赵庄
16 刘崖窑
17 榆林古城
18 刘家湾
19 瓦岗寨
20 朱寨村
佳县
21 大会坪
22 佳县古城
23 谭家坪
24 峪口
25 木头峪
26 荷叶坪
27 沙坪上村
28 螅镇
吴堡县
29 康家墕
30 一步墕
31 中高家庄
32 吴堡古城
米脂县
33 高庙山
34 刘家峁
35 米脂古城
36 杨家沟扶风寨
横山区
50 武镇王台村
51 赵石畔镇王皮庄
52 石窑沟
子洲县
53 苗家坪镇徐家河
绥德县
37 吉镇
38 雷家坪
39 四十里铺高家沟村
40 吴家畔
41 赵家砭乡高家沟
42 艾家沟
43 绥德古城
44 常家沟
45 霍家坪
46 深沟村
47 义合镇
48 贺一村
49 定仙墕村
清涧县
54 袁家沟
55 高杰村
56 清涧古城
内蒙古自治区
宁夏回族自治区
延安
山西省
黄河
红柳河
无定河
榆溪河
秃尾河
窟野河
佳芦河
清水川
黄甫川
石马川